D1709057

WÖRTERBUCH DER BAUKUNST

PRIMER OF ARCHITECTURE

ORTNER

1

WÖRTERBUCH
DER BAUKUNST

& ORTNER

2

PRIMER
OF ARCHITECTURE

Mit Beiträgen von / With texts by
Laurids Ortner
Liesbeth Waechter-Böhm
Gerwin Zohlen

BIRKHÄUSER – Verlag für Architektur / Publishers for Architecture
Basel · Boston · Berlin

A CIP catalogue record for this book is available from the
Library of Congress, Washington D.C., USA.

Deutsche Bibliothek Cataloging-in-Publication Data
Primer of architecture = Wörterbuch der Baukunst / Ortner & Ortner.
With texts by Laurids Ortner; Liesbeth Waechter-Böhm; Gerwin Zohlen.
[Transl. into Engl.: Roderick O'Donovan]. - Basel; Boston; Berlin: Birkhäuser, 2000
ISBN 3-7643-6068-2

Editing: Manuela Hötzl
Translation into English: Roderick O'Donovan, Vienna
Copy-Editing: Claudia Mazanek, Vienna
Graphic Design: Loys Egg, Vienna
Repro: Digital Laut, Wien
Printing: Holzhausen Nfg. Wien

© 2001 Birkhäuser – Publishers for Architecture / Verlag für Architektur
Member of the BertelsmannSpringer Publishing Group
P.O. Box 133, CH-4010 Basel, Switzerland
Printed on acid-free paper produced from chlorine-free
pulp. TCF ∞

Printed in Austria
ISBN 3-7643-6068-2
9 8 7 6 5 4 3 2 1

Inhalt / Contents

Vorwort

Dieses Wörterbuch nähert sich von zwei Seiten seinem Thema: Auf der einen Seite sind es die Worte, die im Laufe der Auseinandersetzung mit Baukunst immer wieder auftauchen und schon längst eine eigene Stellungnahme erfordern. Auf der anderen Seite stehen Bauten, die dieses Vokabular längst mit Inhalten hintersetzt haben, ohne daß die so entstandenen Begriffe entsprechend zuordenbar wären.
Die Baukunst kommt ohne Worte nicht aus. Mehr als jede andere bildende Kunst ist sie in besonderem Maß auf eine verbale Übersetzung in alltägliche Verständlichkeit angewiesen. Was bei dieser Übersetzerei aber in vielen Fällen verloren geht, gehört zur ureigensten Qualität dieses Mediums, nämlich fähig zu sein zur stillen Speicherung der Zeit, um sie schließlich wieder als feine Energie abzugeben.

Das Wörterbuch versucht also anhand exemplarischer Baukunst-Beispiele sowohl ein ausgewähltes Vokabular den Themen des Bauens zuzuordnen, als auch das Gebaute begrifflich identifizierbar zu machen. Daß drei, von ihrem Hintergrund her recht unterschiedliche, Autoren sich an die Definition dieses Vokabulars machen, stellt auch eine Form von querlesbarer Kritik her. Unterschiedliche Betrachtungen beissen sich nicht am einzelnen Objekt fest, sondern ziehen sich durch als individuelle Stellungnahmen auf der Suche nach dem längerfristig Gültigen.

L.O.

Preface

The Primer of Architecture, in fact a dictionary, approaches its theme from two sides: on one side are those expressions which constantly re-emerge in the course of an investigation of the art of architecture and which, for some time now, have demanded an appropriate commentary. On the other side there are the buildings which have long given this vocabulary a content although the terms that emerged from this process could not be appropriately assigned.
The art of architecture cannot manage without words. More than any of the other fine arts it is, to a particular degree, dependent on verbal translation in order to render it understandable in everyday life. But in many cases something gets lost in the process of translating, something that belongs to the quintessential quality of this medium: the capacity to silently store time and then release it again as a fine energy.

For this very reason this dictionary attempts, using exemplary illustrations of the art of architecture, to assign a selected vocabulary to the theme of building and also to make built substance definable and identifiable. Three authors, each with a very different background, have attempted the definition of this vocabulary, a fact that in itself represents a kind of cross-referenced critique. Different viewpoints do not attach themselves, limpet-like, to the individual objects but are revealed as individual approaches engaged in the search for something which will have a longer-lasting validity.

L.O.

1

WÖRTERBUCH
DER BAUKUNST

absorbieren – Aus dem Umfeld all die Qualitäten ziehen, die eben vorhanden sind. Einziger Sinn dieses Aufnehmens von Nährstoffen kann nur sein, etwas zum Blühen zu bringen. → *Stadtteilzentrum Brüser Berg S. 141, 159, 163, 198*   L.O.

Stadtteilzentrum Brüser Berg Bonn, 1987
Die unterschiedlichen Richtungen der umgebenden Bebauung aufzugreifen und sie in einem gemeinsamen Ort zu vereinen, ist städtebauliche Aufgabe dieses Zentrums. In den hier versammelten Gebäuden sind all jene öffentlichen und sozialen Funktionen untergebracht, die der Stadtteil benötigt.

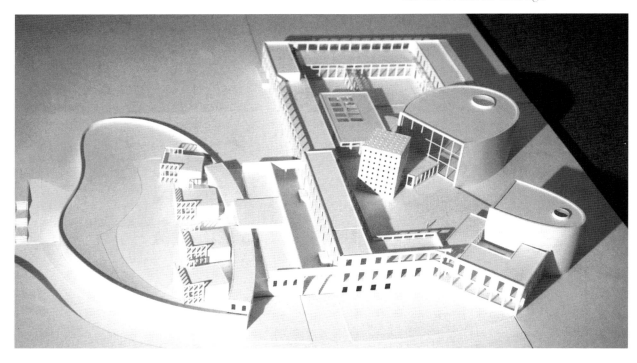

Stadtteilzentrum Brüser Berg, Bonn
1. *Katholische Kirche*
2. *Evangelische Kirche*
3. *Werktagskirche + Glockenturm*
4. *Kirchhof*
5. *Evangelisches Gemeindezentrum*
6. *Jugendzentrum*
7. *Begegnungsstätte*
8. *Bibliothek*
9. *Katholisches Pfarrbüro*
10. *Bibliotheksgarten*
11. *Saal*
12. *Kindergarten*
13. *Evangelisches Pfarrhaus*

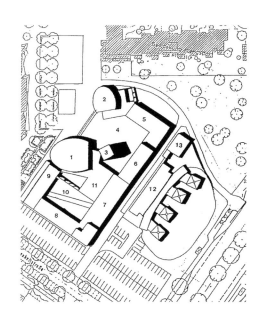

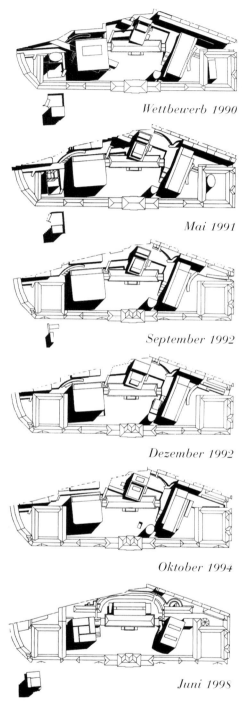

Wettbewerb 1990

Mai 1991

September 1992

Dezember 1992

Oktober 1994

Juni 1998

Museumsquartier Wien, 1990–1998
Die Entwicklung des Projektes Museums-
quartier zeigt, daß sich über einen Zeit-
raum von acht Jahren Funktionen und
Größenordnungen verschoben haben,
die architektonische Konzeption aber
elastisch genug war, um Änderungen
abzufangen, ohne die ursprüngliche
Identität zu verlieren.

Änderungen – werden nicht selten als Zeichen von Schwäche aufgefaßt. Denn in unseren Köpfen ist immer noch die Vorstellung festgeschrieben, daß grundsätzlich dann geändert wird, wenn etwas verbessert werden muß. Und etwas, das verbessert werden muß, kann voher nicht gut (genug) gewesen sein. Heute werden Änderungen oft durch äußere, fast möchte man sagen „banale" Umstände erzwungen: Schwankende Budgets, inhaltliche Programm-Neudefinitionen, durch das Verschwinden des Bauherrn in der Anonymität einer Gruppe, durch die öffentliche Meinung. Änderungen, die auf Grund solcher Einflüsse passieren, werden gern im Licht des faulen Kompromisses präsentiert, der den Rückschluß auf mangelnde Entschlossenheit und geringes Durchsetzungsvermögen desjenigen erlaubt, der ändert. Aber das ist sehr die Frage. Denn der Prozeß einer Konsensfindung auf breiter öffentlicher Basis ist tief in unserem heutigen Demokratieverständnis verwurzelt. Vor allem bei öffentlichen Bauten ist ein solcher Konsens geradezu notwendige, auch gerechtfertigte Voraussetzung. Erst wo die gesellschaftliche Verantwortung endet, beginnt jene des Architekten.

→ *Museumsquartier S. 59, 67, 97, 122, 146/147, 203*   L.W.B.

a n i m a r e – Vom gezeichneten Projekt zum realisierten Bau muß etwas geschehen, das einem Übertragen von Lebenshauch gleichkommt. Der fertige Bau muß mehr sein als die werkgerechte Umsetzung von Plänen, er muß mehr sein als die Summe von säuberlichen Details. Der Sprung vom Plan in die Wirklichkeit muß Animation mit sich bringen, die Erschaffung eines Objektes, das wesentlich ist. Eine Form konkreter Konditionierung ist herzustellen, die mit Intensität auf alle Sinne zu wirken vermag. Das wäre jedenfalls umfassender als bei allen anderen Medien möglich. Jedes Erklären und Übersetzen in verbale Sprache könnte sich erübrigen. Keine Metaphern, keine hervorgekramte Geschichte, kein als ob. Bauten dieser Art kennzeichnet eine atmosphärische Dichte, eine Ionisierung der Luft, wie sie in extremer Form vor Gewittern zu spüren ist. Die gebaute Masse setzt feine Energieströme frei, die sich ohne besondere Sensibilisierung empfinden lassen. Solche Bauten strahlen. → *S.L.U.B. S. 19, 22, 98, 142/143, 167, 224*   L.O.

S.L.U.B. Sächsische Landesbibliothek, Dresden, 1996
Als sichtbare Teile der Bibliothek, die sich im wesentlichen auf drei unterirdischen Geschossen erstreckt, stehen sich zwei gleich große Kuben gegenüber. Horizontale Bänder aus Thüringer Travertin, die sich aus unterschiedlich breiten vertikalen Streifen zusammensetzen, bilden die Fassade: eine flirrende Hülle, die sich mit wechselndem Tageslicht ständig verändert.

Kunstkonsulat, Düsseldorf, 1993
Die unterschiedlichen Elemente des Bau-
körpers haben jeweils andere Fassaden-
materialien und sind scheinbar lose
übereinandergetürmt. Die Zwanglosigkeit
der wechselweisen Auskragungen ver-
leiht dem Bau tänzerische Leichtigkeit.

A n m u t – auch Grazie, ist ein alter, höfischer Begriff.
Er hat eine Aura von Liebreiz und Leichtigkeit um sich,
die zur stillen Sehnsucht aller geworden sind. Doch
geht es mit der Anmut wie mit der Eleganz: Beide sind
im strengen Sinne weder zu lernen noch also zu lehren.
Sie verdanken sich einer spontanen Emanation des
Naturells. Anmut kann erfahren und wahrgenommen
werden, sie ist Evidenz ohne Ursache.
Aus diesem Grunde gehört sie architektonisch zu den
seltensten Phänomenen. Italienische Loggien, palla-
dianische Palazzi, die Alhambra, die orientalische Architektur überhaupt werden durch den Begriff Anmut
wachgerufen – man möchte sagen, das Grazile und
Feine, der tanzend sich enthüllende Schleier der Stabilität. → *Kunstkonsulat Düsseldorf S. 215* → *MMC S. 38,*
132/133, 234   G.Z.

Ballon für Zwei, Wien, 1967
(Haus-Rucker-Co)
Eine durchsichtige, zum Teil mit leuch-
tenden Folien beklebte Kunststoffhülle
wurde mit einem Stahlrohr-Kragarm
aus dem Fenster eines Wiener Mietshau-
ses geschoben. Draußen über dem
Straßenraum entfaltete sich die Hülle
durch das Einfüllen von Luft zu einem
Ballon mit 3,5 m Durchmesser. Im Inne-
ren dieses Ballons saßen auf der Stahl-
rohrkonstruktion ein Mann und eine
Frau.

Architektur, provisorische – Manifest
von Haus-Rucker-Co aus dem Jahr 1975. Dem Stein-
und Ewigkeitsdenken konventionellen Bauens wird die
Architektur-auf-Zeit der Provisorien gegenübergestellt.
Provisorische Architektur als temporäre Intervention ist
befreit von den Bedingungen der Nachhaltigkeit. Sie
darf ins Auge stechen, kann tun als ob. Alles was sich
zur überfallsartigen Irritation des Betrachters eignet, ist
hier wesentlich. In der Wahrnehmung verbrennt solche
Überformung mit faszinierender Erhellung. Auf Bauwerke, die langfristig urbane Fixpunkte zu sein haben,
ist dieses Prinzip nicht anwendbar. → *Ballon für Zwei*
S. 64, 100, 183   L.O.

Aura – Physikalisch nicht meßbare Strahlkraft. Energie, die dabei wirkt, schlägt durch auf das Nervensystem ohne Umweg über das Gehirn. Die damit verbundene nuancierte Veränderung von Stimmung läßt sich nicht auf einzelne benennbare Quellen zurückführen.

Die Licht- und Luftmengen hoher Räume vermögen diese Energie ebenso abzustrahlen wie die Konzentration von kompakter Materie. → *Leopold Museum S. 77. 205* → *Licht S. 59*

L.O.

Leopold Museum
Museumsquartier Wien, 1999
Rohbau eines Oberlichtsaals. Die Kiste
in der Mitte des Raumes ist das Brü-
stungskaree um die Lichtöffnung in den
unteren Saal.

B a s i s – Grundlage, Unterbau, Sockel, fester Untergrund und Fels im Meer des Unbestimmten. Der Begriff der Basis ist ebenso essentiell wie metaphorisch, er reicht von der Architektur in die Gesellschaftstheorie und zurück in die Sprache der Philosophie.
Im Architektonischen selbst hat der Begriff die weiteste und genaueste Bedeutung; er steht im Zusammenhang mit der Entasis (Schwellung) des Säulenschafts – dieser erhebt sich über einer Basis, von der er Stabilität und optische Proportion erhält. Von diesem Urbild leiten sich alle späteren Bedeutungen der Basis ab. → *Oberbank S. 23, 191*   G.Z.

Oberbank, Wels, 1980
(Haus-Rucker-Co)
Die Putzfassade endete mit feiner Abtreppung ca. 50 cm über dem Erdboden. Der Sockelstreifen aus rosa Marmor schiebt sich dahinter, abends beleuchtet, so daß der Bau zu schweben scheint.

B a u g e s e t z e , k r e a t i v e – Die Begriffe Baugesetz und Kreativität klingen in zentraleuropäischen Gesellschaften wie ein Antagonismus. Feuer- und Sicherheitsauflagen, Abstandsregelungen und Beleuchtungsvorschriften, statische Prüfungen und Bewehrungsmaßgaben scheinen eher architektonische oder konstruktive Kreativität zu verhindern als sie zu befördern. Doch tragen sie ihren Sinn in sich, hört man beispielsweise Meldungen von einstürzenden Kaufhäusern oder brennenden Hotels. Einen Königsweg gibt es nicht, nur die immer wieder bestätigte Einsicht, daß Gesetze der konstruktiven, materialen, formalen oder technologischen Entwicklung hinterherhinken. Gesetze aber sind veränderungsfähig. Die Devise muß also lauten, die architektonische Kreativität in den Gesetzen zu entwickeln und diese nach deren Maßgabe nachzubessern.   G.Z.

B a u h e r r – Der Bauherr war sehr viel früher derjenige, der einen inhaltlichen / räumlichen / architektonischen Bedarf formulierte, der die gebaute Erfüllung dieses Bedarfs beauftragte, der dafür zahlte und dem deswegen auch das letzte Wort zukam. Das ist heute grundlegend anders. Den personifizierten Bauherrn gibt es jenseits des Einfamilienhausbaus nur noch selten. Er hat seine ursprüngliche Existenzform längst

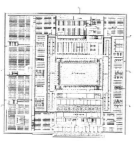

S.L.U.B. Sächsische Landesbiblio-
thek, Staats- und Universitätsbi-
bliothek, Dresden, 1996
Die Grundrisse der drei unterirdischen
Geschosse. Diese großen zusammenhän-
genden Flächen von 120 x 120 m ermög-
lichen die Bewältigung der verflochtenen
Funktionen. Zentrum ist der 47 x 33 m
große Lesesaal, der sich durch alle drei
Geschoße erstreckt.

gegen ein Dasein im anonymen Geflecht komplexer Gremien eingetauscht. Das hat einerseits zur Folge, daß er gewissermaßen unsichtbar geworden ist, und es hat andererseits zur Folge, daß er mit vielen Stimmen spricht. Beides hat Konsequenzen für das Verhältnis zwischen Bauherr und Architekt. Denn sowohl die Festschreibung des Bedarfs, als auch jene des Auftrags und erst recht die der beauftragten Lösung können seither gegebenenfalls auch ganz lautlos, von außen praktisch unbemerkt im Meinungschor von bauherrlichen Gremien versickern.

L.W.B.

Bibliotheken – haben etwas mit Museen gemeinsam. Auch sie sind gewaltige Speicher. Speicher, in denen immaterielle Werte verwahrt werden. Und doch sind Bibliotheken im Vergleich zu Museen in einem wortwörtlicheren Sinn das „Gedächtnis der Gesellschaft", in dem eine unüberschaubare Vielzahl paralleler Welten komprimiert ist. Nicht von ungefähr hat Jorge Luis Borges das Bild der Bibliothek als Labyrinth entworfen. Etwas Labyrinthisches wohnt tatsächlich jeder Bibliothek inne. Der privaten, in die man sich zurückzieht, um imaginäre Gedankenreisen anzutreten. Der öffentlichen, in der das Flair solcher subjektiven Programmatik durch eine neue Form allumfassender Verfügbarkeit ersetzt ist. Daraus resultiert, daß selbst die größten Bibliotheken heute auf die Kompaktheit eines Chips reduziert sind. All das Wissen, das in Bibliotheken gespeichert wird, ist geradezu unvorstellbar einfach und schnell greifbar. Aus der architektonischen Perspektive mögen öffentliche Bibliotheken vor allem Lagerräume sein, unzugänglich für das Publikum, eine Art geheimnisvolles Verlies. Aber das stimmt so nicht. Denn es gibt die Schnittstellen, an denen sich der individuelle Zugriff auf die besondere Ware Buch räumlich artikuliert. Und es gibt den öffentlichen Auftritt des Bibliotheksgebäudes selbst, sein Gewicht, seine Schwere. →
S.L.U.B. S. 14, 22, 98, 142/143, 167, 224

L.W.B.

b l a u – ist die Farbe des Himmels. Es spielt in der Architektur nur selten und dann eine ganz spezifische Rolle. Blau ist artifiziell. Blau ist kalt. Blau ist immateriell. Es ist der farbige Widerspruch zur Erdverbundenheit von Gebäuden. Blau taucht man in flirrende sphärische Schichten ein, die wie vom Boden abgehoben erscheinen. Auf diesen Umstand hat sich Yves Klein, der „monochrome Blaue", bezogen. Und Georges Bataille hat daraus Literatur destilliert. In der westlichen Hemisphäre kommt der Bildhaftigkeit blauer Gebäude stets ein eigenartiger, eigenwilliger, auch irritierender Stellenwert zu. Die Heiligkeit der Farbe Blau resultiert aus ihrer Künstlichkeit. Sie macht unsicher, sie verweist in andere Dimensionen. → *Europä Design Depot S. 60, 104, 136, 214*   L.W.B.

Europä Design Depot
Klagenfurt, 1994
Eine indigoblaue Schachtel, die 50 cm über dem Boden schwebt und nach oben hin offen ist. Das eigentliche Haus liegt als hakenförmiger, zweigeschoßiger Bau über Eck in dieser Schachtel.

Block – Der Block ist ein begrifflich ungehobelter Geselle. Er hat unschöne Bedeutungshintergründe und gegenwärtig im Städtischen hohe Versprechungen. Mit dem städtischen Block, also der Gesamtheit mehrerer Häuser, kann der Stadtkörper zurückgewonnen werden, der von der Moderne zersprengt und unerkennbar gemacht worden war. Der Block ist ein Rohling, der durch Architektur geschliffen werden muß. → *Die Erste Bank S. 103, 222*
G.Z.

borrow – systematisch klauen – borrow wird mit Ausleihen, Ausborgen übersetzt; darin wird erkennbar, daß im Akt des Nehmens die Absicht enthalten ist, das Ausgeborgte zurückzuerstatten. Die Alternative zum Borgen heißt Diebstahl. Im Architektonischen berührt der Begriff die Sphäre des Austauschs und Dialogs zwischen den Werken. Das Ausborgen von Motiven, Formen, auch Figuren im Entwurfsprozeß zu untersagen oder zu ächten hieße, historische Lernprozesse zu ignorieren. Das Neue soll nicht vom Alten klauen, sondern Anregung borgen, um den Formenschatz anzureichern. → *Nike S. 105, 190*
G.Z.

Nike, Linz, 1977
(Haus-Rucker-Co)
Zwei wesentliche Kunstwerke europäischer Kultur ergeben in Reduktion miteinander verbunden ein neues Drittes.

B ü c h e r w a n d – Bücher sind die wertvollste Beklei-
dung der Wand. Dicht aneinandergereiht über die
ganze Fläche bilden sie ein Muster übereinanderge-
lagerter horizontaler Bänder: die Bücherwand. Bücher
stehen hier gleichrangig nebeneinander, nach außen
hin vielfarbige Streifen, nach innen kompakt ge-
schichtete Blöcke. Jedes Buch für sich wiederholt auf
seinen Schriftseiten das Prinzip der Bücherwand: Buch-
staben sind aufgereiht in horizontalen Bändern und bilden zusammen das flimmernde Muster einer Seite. So
wie die Bücher an der Wand sich als flimmernde Reize
zu einem Bild fügen, das alle Wahrnehmung beansprucht, so setzt sich dieses Flimmern hinein in die
Tiefe der Bücher fort. Eine etwa 30 cm tiefe Schicht
vibrierend von der Energie, die hier gehalten wird.
Regal für Regal Generatoren, die, sobald ein Block aus
seiner Speicherfunktion gelöst wird, Kraftströme unter-
schiedlichster Art freigeben.
Räume, die von solchen Wänden gebildet werden, sind
für immer haltbar. Besseres Material wird es nicht geben. Auch keines, das imstande sein wird, kommende
Beanspruchungen so vollständig zu absorbieren. Zukunft ist hier bereits gespeichert. Das Flimmern dieser
Räume bleibt zeitlos neu. → *S.L.U.B. S. 14, 19, 98,*
142/143, 167, 224   L.O.

S.L.U.B. Sächsische Landesbiblio-
thek, Staats- und Universitätsbi-
bliothek, Dresden, 1996
Blick in eine der beiden Seitengalerien,
die an den zentralen Lesesaal grenzen.
Die flimmernde Struktur der Bücher-
wand wird zum Motiv für alle Ober-
flächen des Baus: visuelle Vibration.

Oberbank, Wels, 1980
(Haus-Rucker-Co)
Das Bankgebäude steht in einem Vorort
an der Kreuzung einer Durchgangs-
straße. Der Bau wirkt optisch nach bei-
den Seiten der Straßenkreuzung durch
seine gebogene Fassade, die sich unab-
hängig von dahinterliegenden Gebäuden
über die gesamte Länge des Grundstücks
erstreckt.

casual – In der Mode der Begriff für eine legere Art
der Kleidung, die es wegen ihrer gediegenen Normalität ermöglicht, sich bei vielen Anlässen gut angezo-
gen zu fühlen. Augenmerk wird auf die ungezwungene
Tragbarkeit gelegt, die Eindrücke einer individuellen
Gelassenheit vermittelt. Das Gefühl, sich in Übereinstimmung mit den gesellschaftlichen Standards zu befinden und dennoch durch persönliche Abweichung
daraus auszubrechen, ist durch casual gekennzeichnet.
→ *Oberbank S. 18, 191* → *Casa Rossa S. 48, 108, 195*

L.O.

Cover – bezeichnet Hülle, Haut, Oberfläche und meint Schutz vor Verschmutzung, Beschädigung und Fertilisation. Cover durchgeistert die Bedeutungsbereiche von Fassaden und (Haus-) Dach. Doch meint es vor allem ein filigranes Metasystem ingeniöser Baukunst, das mittels Stab und Folie eine weite Hülle voll Luft und Licht errichtet. Solche Konstruktionen wurden von Buckminster Fuller ersonnen und utopisch für ganze Städte und Landschaften gezeichnet, die von menschengemachter Verschmutzung bedroht sind oder waren. Sie zehren vom Versprechen, das Paxtons Kristallpalast in die Welt setzte: der schier unsichtbare Schutz der Architektur vor Unbill aller (klimatischen) Art. → *Cover S. 107, 120, 185*   G.Z.

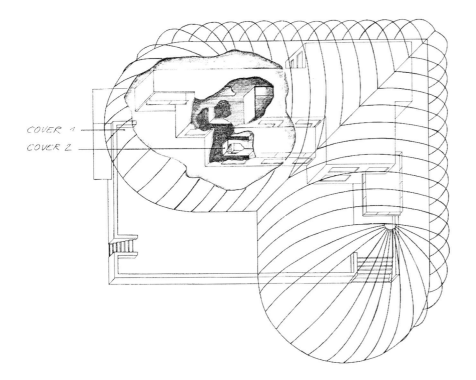

COVER 1
COVER 2

Ausstellung Cover
Museum Haus Lange
Krefeld, 1971
(Haus-Rucker-Co)
Mies van der Rohes Haus Lange wurde für die Dauer der Ausstellung von einer herzförmigen Traglufthalle umhüllt. Unter dieser Hülle begann der Garten im Winter auszutreiben. Das steinerne Haus selbst verlor im immer gleichen fahlen Licht alle Proportionen.

c r o s s i n g – Über Limits hinauszugehen, alles zu durchkreuzen und miteinander zu verbinden, ist das Rezept kultureller Entwicklung. Die amerikanische Demokratie hat es an Europa zurückgegeben. Unsere Lektion ist es, die verbrauchte Idee von elitärem Avantgardismus durch eine großartige Selbstverständlichkeit des Sich-im-breiten-Strom-Befindens zu ersetzen. → *Ausstellung Haus-Rucker-Co S. 35, 121, 158, 213*   L.O.

D a c h s t e i n – Zu den Gebirgsformationen, deren Bilder sich nicht mehr aus dem Gedächtnis drängen lassen, gehört der Dachstein. Vom Gosausee am nordseitigen Fuß des Gebirges zeigt sich das Massiv mit einer Gruppe von Felsspitzen, die in lockerer Anordnung aus einer sanft geneigten Gletscherfläche ragen. Die gesamte Figuration der Teile zueinander hat etwas von einem Schachspiel in letzter Phase, wenn die wenigen verbliebenen Figuren einander in souveräner Kühle kontrollieren. An klaren Tagen löst die hochstehende Sonne ein Gleißen der Gletscherfläche aus, das mit blitzenden Strahlenschleiern die Felsfiguren in weichen Wellen bewegt. Als hätte es ein Stück Himalaya in die Alpen verschlagen, so machtvoll scheint diese Komposition in ihren unabschätzbaren Größenverhältnissen. Privat ist Dachstein zum Codewort geworden für den geheimen Blick auf eine naive Welt, die sich selbst behütet. Rosebud hieß dieses Wort in Orson Welles' Film „Citizen Kane". → *Schläfer S. 74*
                                                          L.O.

Dachstein
Oberösterreich, Postkarte
Blick vom Gosausee. Das Foto ist etwa
15 Jahre alt, der Blick aber bis heute
gleich geblieben.

dazwischen – Das Adverb dazwischen kann zeitlich und örtlich benutzt werden. Im Architektonischen spricht nichts für die Negativität des Massengeschmacks. Umgekehrt dürfte das alte Avantgarde- und Elite-Verständnis der Architektur mit der festgezurrten Opposition zum allgemeinen Gebrauch und Geschmack zu überprüfen – also zu unterminieren – sein, um „im Cover der Allgemeinheit" die gebrauchsfähige Architektur architektonisch zu befördern. → *Hypobank München S. 217* → *Nowea 2004 S. 71, 102, 230*   G.Z.

Scala, München, 1994
Im historischen Zentrum um die Salvator-, Theatiner- und Kardinal-Faulhaber-Straße: Behutsame Ergänzung der Blockbebauung und im Innenbereich die Chance, frei vom Tribut an das Bestehende, urbane Bezüge und heutige Funktionen in neuer Großartigkeit herzustellen.

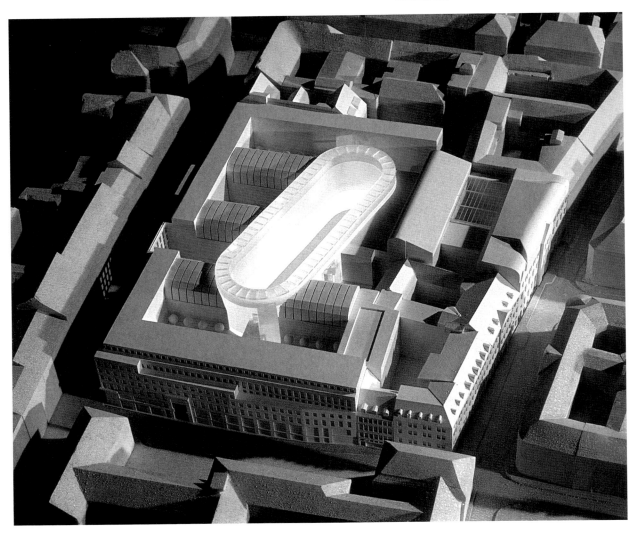

D e a l – Im Unterschied zu den freien Künsten hat die Baukunst einen Pakt mit der Gesellschaft zu schließen. Sichtbare Form ist der Konsens zwischen Auftraggeber, Baubehörde und Architekt in Form der Baupläne. Der schriftlichen Bestätigung dieses Konsenses aber geht jedem Projekt eine intensive Verhandlung und Abstimmung voraus. Bei bedeutenden Projekten die direkte Auseinandersetzung mit der Öffentlichkeit, die sich über Medien, Gruppen von Bürgern, Parteien und Politiker artikuliert. Ergebnis all dieser wechselweisen Abstimmungen ist ein Deal zwischen der Bauherrschaft mit ihrem Architekten und der von diesem Bau betroffenen Bürgerschaft, der die Errichtung des Bauwerks möglich macht.

Zu glauben, daß sich in westlichen Demokratien diese Form des Deals durch Anweisung von oben erübrigen könnte, hieße, die grundsätzlich reinigende Kraft dieses Prozesses zu mißachten. Wer große Architektur immer wieder für abhängig erklärt von der totalen Machtfülle eines wohlgesonnenen Potentaten oder von einer anderen Garantie zur völligen baukünstlerischer Freiheit, hat nichts verstanden von der eigentlichen Aufgabe dieses Mediums: im Dialog mit dieser gegenwärtigen Gesellschaft baulich zu fassen, was als weiterführendes Bild gelten soll. → *Wien Mitte S. 72, 109, 138, 162, 208* → *Leseturm S. 63, 207* L.O.

Wien Mitte, 1998
Als neues Zentrum gegenüber dem inneren
historischen Kern um den Stephansdom
hat Wien Mitte die besondere Aufgabe,
als architektonisch Ganzes eine Stadt-
figur zu bilden, die unverkennbar auch
die Silhouette der Stadt prägt.

Halbes Haus, Düsseldorf, 1977
(Haus-Rucker-Co)
Das Haus, wie es als Idee und als Form
existiert, zu zerteilen, auf seine verwert-
baren Stücke zu untersuchen und ande-
re Arten des Wiederzusammenfügens zu
probieren, war für Haus-Rucker-Co zen-
trales Thema der 70er Jahre. Wo auch
immer der Dekonstruktivismus sich ideo-
logisch anzusiedeln versuchte, dieses
Thema war die Basis.

Dekonstruktion – Der Begriff Dekonstruktion
bezeichnet eine architektonische Entwurfsmethode.
Wird sie ihrer Intention gemäß als Hermeneutik, also
als Wegfindung eingesetzt, ist sie die rücklaufende
Verständigung über die gestellte Aufgabe. Das kann
gedanklich wie auch praktisch geschehen. Dekonstru-
ieren meint dabei das Zerlegen der Aufgabe in einzelne Entwurfsbestandteile – Zweck, Gebrauch, Konstruk-
tionsart, Aussehen und Ästhetik, Ort und Geschichte.
Dadurch können viele, vielleicht sogar alle Aspekte
des intentionalen und materiellen Gehalts der Aufgabe berücksichtigt werden. Sie ermöglicht, Akzente zu
setzen und Bestandteile der Aufgabe betont herauszu-
lösen, zu verselbständigen oder mit anderen Aspekten
neu zu verknüpfen, so daß im Kontinuum des Entwer-
fens die Stellen hervortreten, an denen Fortführung
traditioneller Verfahren beziehungsweise eine Neu-
oder Umformung sinnvoll erscheint. → *Halbes Haus*
S. 122/123, 188   G.Z.

demokratisch – ist ein Code-Wort unserer Gesellschaft. Mit demokratischen Mitteln erfolgreich zu sein,
setzt Dialogfähigkeit voraus und hat unweigerlich
Mehrheitsfähigkeit zum Ziel. In demokratischen Prozes-
sen bricht sich die Kraft der Öffentlichkeit den Weg frei.
Insofern verkörpern sie eine Art Widerpart zu den individuellen, subjektiven Kreativitätsprozessen der Ver-

gangenheit. Das bedeutet, daß das tradierte Bild des Künstlers im Begriff ist zu verschwinden. Der eigenwillige Schöpfungsprozeß, der sich gegen oder ohne das Interesse der Allgemeinheit Geltung verschafft, hat seinen Glanz verloren. Demokratie ist gleich Gesellschaft ist gleich Markt. Es mag zynisch sein, aber man könnte Gertrude Stein bemühen: Eine Rose ist eine Rose ist eine Rose.   L.W.B.

Denkmalpflege – entstand bezeichnenderweise mit dem architektonischen Aufbruch in den Individualismus. Karl Friedrich Schinkel ist am Beginn des 19. Jahrhunderts zugleich der Vorreiter des architektonischen Solitärs, des Ausdruckswunsches eines architektonischen und künstlerischen Individuums, wie der Begründer der Denkmalpflege. Unübertroffen ist seine Definition, daß die Denkmalpflege vom „Gefühl für das Ehrwürdige" der Gegenstände geleitet wird und anzugehen hat gegen den „nur eingebildeten augenblicklichen Vorteil", der durch Beräumung und Beseitigung „manch herrlichen Werks" erreicht wird. Darin spricht sich der Baukünstler aus, der seine eigenen „charakteristischen", nämlich unerhört neuen Werke nur in ständiger Auseinandersetzung mit den Zeugnissen der Vergangenheit zu schaffen vermag. Aber auch der nüchterne Skeptiker wird erkennbar, wenn Schinkel der Ansicht ist, daß „Menschen und Nationen vergehen", sich aber ihre kulturelle Kraft an den „Denkmälern der Kunst und Wissenschaft" wieder erhebt; ohne die Spolien der Vergangenheit sei eine Zeit „unheimlich, nackt und kahl".

Respekt vor den Dokumenten, in denen sich die Geschichte manifestiert, und der neue Entwurf aus der eigenen Zeitgenossenschaft sind keine Gegensätze, sondern sich notwendig ergänzende Bestandteile. Doch Vorsicht. Entscheidend bleibt die stets nach reflektierten Kriterien zu treffende Auswahl. Alles zu erhalten, heißt nichts erhalten und bedeutet, die Geschichte stillzustellen.   G.Z.

Details, unabhängig von – Detail, das Einzelne, wörtlich genommen das „Teilstück vom Ganzen", ist ein Begriff wie ein Fliegenauge: voller Facetten. Er blickt in jede Bedeutungsrichtung, beispielsweise in die Kriminalistik. Er umschreibt die Fähigkeit des Detektivs, sich aus den Details ein Bild vom Tathergang erschließen zu können. Analoges gilt in der Architektur. Ein guter Entwurf ist nur soviel wert, wie die Details (in) der Realisierung tragen. Manch großer Baugedanke wurde durch die Details ad absurdum geführt. Umgekehrt gilt aber gerade in der Architektur auch der Satz, sich „durch die Details nicht irre machen zu lassen" und den Blick aufs Ganze des Projekts zu bewahren. Details sind essentiell, aber nachbesserungsfähig. → *Landeszentralbank Potsdam S. 88, 126, 210* → *Workstation S. 74/75, 149, 228* G.Z.

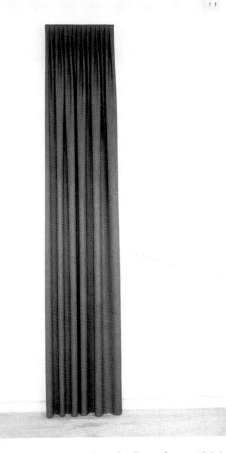

Landeszentralbank, Potsdam, 1991 Feiner grauer Flanell in weiche Falten gelegt als Wandpfeiler. Die Qualität des fallenden Stoffes schafft eine unnachahmliche Ebenmäßigkeit der Kannelierung.

durabel – Dauerhaftes und Nachhaltiges gewinnen Gewicht erst im Gegensatz zum beliebigen Überfluß. Die Reduktion auf Vernünftiges hat weder mit formaler Verarmung zu tun noch mit moralischer Zurückhaltung. Sie ermöglicht vielmehr, mit verfeinerter Sachlichkeit eine längerfristige Orientierung herzustellen. L.O.

eigenschaftslos – ist die vielleicht komplexeste Form von Eigenart, die es gibt. In der Literatur hat ihr Robert Musil mit seinem „Mann ohne Eigenschaften" ein Denkmal gesetzt. In der Architektur verkörpert sie eine Qualität, die mit heutigen Marktmechanismen und damit zu tun hat, daß selbst etwas so Dauerhaftes wie ein Gebäude veränderbar sein muß, je nach dem konkreten Bedarf. Eigenschaftslose Architektur ist nutzungsneutral, sie ist ein Phänomen der Großstadt. Sie will nicht Bedeutungsträger sein oder Identität schaffen, sie zieht sich in die urbane Anonymität, in den städtischen Hintergrund zurück. → *Photonikzentrum S. 112, 220*

L.W.B.

Photonikzentrum
Berlin-Adlershof, 1998
Vor die verglaste Stirnseite des Gebäudes
ist ein Raster aus goldeloxiertem Metall
gesetzt. Dieser Filter stellt den optisch
neutralen Abschluß des Gebäudes her.
Das sich spiegelnde Bild wirkt, als wäre
es aus dem Inneren des Hauses projiziert.

*Kunsthalle am August Macke Platz
Bonn, 1985
(Haus-Rucker-Co)
Die Bedeutung des Baus für die Öffentlichkeit wird erst durch die offene Hal-
lenstruktur hergestellt, die sich zur
Straße hin orientiert und dem Eingangs-
bereich eine spezifische Würdigkeit verleiht.*

ergänzen – heißt, etwas Fehlendes wieder herstellen. Dahinter steckt die Begierde, einen Verlust vergessen, noch zutreffender: ungeschehen zu machen.
Ergänzen bedeutet im Einzelfall eine nicht verallgemei-
nerbare Entscheidung. Eine Ergänzung kann unsichtbare Einfügung oder sichtbare Anfügung, ein radikaler
Zeitschnitt sein. Es gibt Ergänzungen, die tiefgründig
im Gedächtnis der Allgemeinheit wurzeln und solche,
die frei von derartigen Überformungen sind. Ergänzen
ist eine Intervention am Gebäude, die – vergleichbar
einem Gesundungsprozeß – zu tatsächlicher oder auch
imaginierter Vollständigkeit führt. → *Kunsthalle am
August Macke Platz S. 116/117, 196*   L.W.B.

erhaben – Die Erhabenheit, auch als das Sublime bezeichnet, gehört zu den Hauptstücken der klassischen Ästhetik. Nach Kant tritt sie im Anblick der reinen Schönheit auf und zeichnet gleichsam die Kammlinie des Glückes nach, das aus ihr erfahren werden kann. Dieser Hintergrund ist unverzichtbar, auch wenn er im 20. Jahrhundert in den Zynismus getrieben wurde. Der deutsche Schriftsteller Ernst Jünger empfand ein erhabenes Glücksgefühl beim Anblick der Bombardierung von Paris durch einen Kelch voll funkelndem Bordeaux. Der herausgehobene Standpunkt und der ästhetische Abstand zum Geschehen sind Voraussetzungen solchen Erlebens und Empfindens. Sie stigmatisieren die Feierlichkeit, die der Erhabenheit die Aura eines Freudenfestes verleiht. Im Architektonischen können die Wege zu solcher Schönheit immer seltener begangen werden.

G.Z.

erinnern – Man sollte den Bildern der Erinnerung mißtrauen, den eigenen genauso wie den kollektiven. Jeder hat für sich die simple Erfahrung gemacht, daß erinnerte Eindrücke bei einer neuerlichen Betrachtung des tatsächlichen Sujets eigentlich weder im ganzen noch in Einzelheiten stimmen. Mehr aber als der Mangel an objektivierbarer Sicherung eines Gesamteindrucks macht die Art dieser rückwärtsgewandten Betrachtung auf Dauer unfroh. Genau genommen läßt sich auch daraus kein neuer Sinn herleiten, der bei den Entscheidungen des Tages hilfreich wäre. Die jahrhundertelang beinahe waagrecht verlaufende Kurve der gesellschaftlichen Entwicklungsgeschwindigkeit ist dabei, in eine steil vertikale überzugehen. → *Ausstellung Haus-Rucker-Co S. 121, 158, 213*

L.O.

Ausstellung Haus-Rucker-Co Kunsthalle Wien, 1992 Nahezu alles, was Haus-Rucker-Co in 30 Jahren an Objekten, Modellen und Zeichnungen produziert hatte, war versammelt. Aber hier wurde nichts hervorgehoben, jedes Teil, mag es noch so wichtig gewesen sein, blieb in Regalen gespeichert.

e r k l ä r e n – kennzeichnet eine Zwangslage, die aus der Unsicherheit des Architekten resultiert, was er an Wissen, an Bescheidwissen vorraussetzen darf. Erklärungsbedarf hat also damit zu tun, daß etwas nicht ad hoc verständlich ist, daß es einer breiten Öffentlichkeit unklar erscheint. Ein solcher Mangel an Klarheit wirkt sich negativ auf die Überzeugungskraft einer architektonischen Lösung aus. Andererseits: Die Gratwanderung, komplexe Inhalte zu transportieren, ist keine Einbahnstraße. Das Problem auf den Punkt gebracht: Es gibt auch den umgekehrten Prozeß – die Botschaften, die Erklärungen, die die Öffentlichkeit an den Architekten adressiert. L.W.B.

E s s e n z – Die Essenz eines Hauses ist die Stimmung, die es zu erzeugen vermag. Etwas, das sich aus der Figur der Räume ergibt und dem Licht, das eingeladen wird, sich breit zu machen oder zu tanzen, ganz wie es will. Aber auch etwas, das sich ablagert aus der Alltäglichkeit von vielen Tagen und sich in der gebauten Masse als feine Schwingung festsetzt. Darin besteht die Qualität des Mediums Baukunst, daß es von allen Seiten wirksam werden kann und somit einen völligen Zugriff auf das physische und psychische Befinden seiner Nutzer hat. → *Landeszentralbank Potsdam S. 32. 88. 126, 210 → reduzieren S. 71* L.O.

E u r o p a – ist das Herzland der abendländischen Kultur und Keim des sogenannten Eurozentrismus (Hans Magnus Enzensberger). In der Architektur bezeichnet der Begriff heute eine Rückbesinnung auf die kulturelle Erbschaft der Stadt. Das wird in der programmatischen Formulierung „Europäische Stadt" sichtbar. Sie richtet sich sowohl gegen die sogenannte „offene" Stadtkonzeption der fünfziger und sechziger Jahre. Sie standen und stehen unter dem Primat des Autoverkehrs, der aber an quantitative und ökologische Grenzen gestoßen ist. Nach dem Abheben der funktionalistischen Moderne wird unter dem Stichwort Europa die

Stadt nun wieder als generationsübergreifende Verpflichtung gesehen, die man nicht alle zehn Jahre neu zu erfinden braucht; als Bühne einer Gesellschaft, auf der aus dem Gemurmel der „polis" Politik, also öffentliche Verantwortung werden kann.   G.Z.

E x t r a k t – Werke der Baukunst sind verpflichtet, die Eigenheiten ihrer direkten Umgebung in konzentrierten Auszügen zu filtern und neu zu vermengen. Als Kochstoff ergibt sich, was lokal verwendbar ist: von geschichtlichen Spuren bis zu Materialien und Verarbeitungsweisen. Solche Bauwerke intensivieren als Extrakte die ansatzweise vorhandene Eigenart ihres Umfeldes oder beweisen sich als Werkzeuge, mit denen diese Eigenart extrahiert werden kann. → *Schräge Ebene S. 160, 187 → Theater- und Kulturzentrum S. 89, 111, 127, 131, 134, 176, 223*   L.O.

Schräge Ebene
Supersommer Wien, 1976
(Haus-Rucker-Co)
Markante Teilung der langgestreckten Vienfluß-Schneise. Mit ihrer schwarzen Seite war die Schräge Ebene der Innenstadt zugewandt, die weiße Seite wies stadtauswärts.

F i g u r – ist nicht auf eine Linie reduziert oder einen nicht weiter differenzierten Schattenriß. Figur ist im Grund immer dreidimensional, selbst wenn ihr Volumen in der Fläche dargestellt, imaginiert wird. In der Figur eines Menschen, eines Gegenstandes können kollektive Wunschvorstellungen, archetypische Ideale manifest werden. Sie rufen Erinnerungen wach und verschwiegene Sehnsüchte, sie wecken Begierden, erregen Bewunderung, manchmal auch Neid. Wenn wir die Figur von jemandem oder etwas bewußt wahrnehmen, dann nehmen wir zwar eine körperliche Qualität wahr, aber durch gewisse unkalkulierbare Eigenschaften kippt diese Körperlichkeit hinüber in eine andere, abgehobene Dimension. Solche Figuren wirken wie eine Droge.

→ *MMC S. 132/133, 234*   L.W.B.

MMC Mix Media Center
Wien, 1999
Ein Drehkörper, der sich durch das nach oben hin stetige Weiterdrehen elliptischer Geschosse bildet. Mit der Bewegung des Betrachters dreht sich das Gebäude spiralförmig mit – das Licht ständig anders gebrochen in den angewinkelten Glasdreiecken der Fassadenhülle.

f l i m m e r n – ist eine unruhige Bewegung, in der die Dinge verschwimmen und unscharf werden. Neben die alte geologische Bedeutung (Flimmerstein), die das Glitzern eingeschlossener, glänzender Metalle oder Kristalle meint und so fürs Flimmern die Nebenbedeutung des „falschen Glanzes" erzeugte, ist heute die elektrische/elektronische getreten. Bildschirme flimmern, wenn sie nicht genügend Ausgangsspannung haben; sie strengen die betrachtenden Augen an. In der Architektur lassen Ornamente das Bild des Hauskörpers unscharf werden, er ist unter ihrer Kleiderkruste versteckt. Zumal bei halbgeschlossenen Augen flimmert der Bau unter ihrer Wirkung und weckt die Sehnsucht nach der „Brücke zum Gestern", als die Ornamente aufgefaßt werden können. → *S.L.U.B. S. 14, 19,*
22, 98, 142/143, 167, 224   G.Z.

Fotografie – Der „Rahmenbau" dreht ein fotografisches Prinzip um. Architektonisch erstellt er eine Apparatur, mit der aus der Kontinuität der Wirklichkeit ein gemeintes Bild herausgeschnitten werden kann. Sein Ziel ist, die Spur des (betrachtenden) Menschen in die Wirklichkeit zu schreiben, sein Ergebnis ein Gedächtnisbild.

Die Unterscheidung von Fotografie und Gedächtnisbild ist verlorengegangen. Jene gibt die Wirklichkeit als räumliche Totalerscheinung, während dieses die Wirklichkeit fragmentarisch aufhebt. Das Gedächtnis sucht aus, die Fotografie behauptet, das Ganze zu geben. Die Fotografie, schrieb Siegfried Kracauer, erfaßt das Gegebene als räumliches (oder zeitliches) Kontinuum, die Gedächtnisbilder bewahren es, insofern es etwas meint. Der Unterschied beruht auf der inneren Tätigkeit des Betrachters, die zum Abbild der Wirklichkeit ein subjektives Addendum aus Empfinden, Fühlen und Denken fügt. Das Gedächtnisbild beinhaltet von vornherein die Spur des Menschen, die im Vollzug der technologischen Verfeinerung bei der Fotografie verlorengeht: digitale Fotografie ist auf Wirklichkeit nur noch marginal angewiesen. → *Rahmenbau S. 154, 189*   G.Z.

Rahmenbau
documenta 6, Kassel, 1976
(Haus-Rucker-Co)
Der 13 x 13 m große Rahmen aus Stahl-
gitter grenzt optisch den Ausschnitt der
dahinterliegenden Landschaft ab. Ein
hakenförmiger Steg führt am Rahmen
vorbei auf eine auskragende Stange zu,
an deren Ende die verkleinerte Version
des Rahmens hängt – Scharfstellung des
Blickes durch neuerliche Eingrenzung.

Gegenteil – Philosophisch bezeichnet Gegenteil das Abweichen von der Heerstraße der Meinungen, das Ausscheren aus dem Troß der Ansichten. Der Begriff steckt voller Energie, die sich gewöhnlich in Revolten Luft schafft: Lieber gegen den Strom schwimmen als mit dem Wind treiben. So deutet er auf eine unverzichtbare Erbschaft der aufgeklärten Moderne, auf die Poetik des Umgekehrt, die im nicht-linearen Sprechen von Ironie, Sarkasmus und Satire sowie in der Fähigkeit zum Nein ihre Ausdrucksmittel gefunden hat. Architektur aber kann nicht ironisch sein – sie muß sich entscheiden, ob sie gegen den Massengeschmack antritt oder ihm willfährt. → *Oase Nr. 7 S. 151, 186*   G.Z.

Oase Nr. 7
documenta 5, Kassel, 1972
(Haus-Rucker-Co)
Die luftgefüllte Kugel erwies sich als
optischer Widerpart der steinernen
Masse des historischen Baus durchaus
gewachsen.

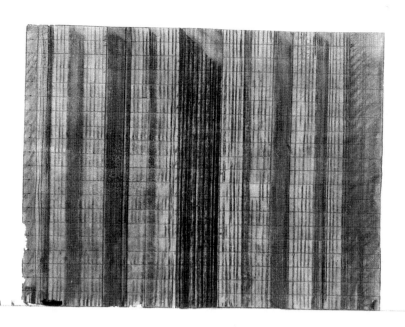

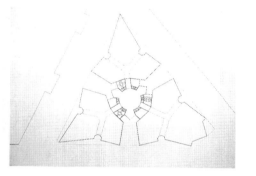

Bürogebäude, Friedrichstraße
Berlin, 1921
(Mies van der Rohe)
Der (durch das spitzwinkelige Grund-
stück) zur Kristallform geprägte Grund-
riß erweist sich im Aufriß als einfach
gezogenes Profil: die Grundrisse werden
ohne weitere Interpretation übereinan-
dergestapelt und mit einer gläsernen
Hülle umgeben.

g e h a l t e n – professionelle Meisterung des inneren Feuers. Die so gehaltene Energie zeigt sich ebenmäßig und ruhig. → *Mies van der Rohe* L.O.

G e s e l l s c h a f t , o f f e n e – „Die offene Gesellschaft und ihre Feinde" (Sir Karl Popper, 1945) heißt ein Grundtext der neueren Sozialphilosophie. Popper wendet sich darin gegen die Tradition des autoritären Denkens, wie es sich von Heraklit und Platon über Hegel und Marx bis zum Faschismus und Stalinismus kodifiziert hat und in den Machtformationen von Gesellschaft und Politik wirksam wurde. Poppers sozialethisches Hauptziel ist die Wahrung und Sicherstellung der Freiheit des einzelnen. Seine wichtigste Abgrenzung ist die gegen den von ihm so genannten Historizismus, den Glauben an eine selbstmächtig sich in der Geschichte entwickelnde Vernunft. Die darin enthaltene Grundannahme einer „geschichtlichen Notwendigkeit", eines naturgleichen „Gesetzes" der historischen Entwicklung, ist ihm zufolge Aberglaube. Die Geschichte produziert für Popper allein aus sich heraus keinen Sinn, sondern nur durch die tätige Einflußnahme und Handlungsweise des Einzelnen.
Von Bedeutung für Architekten ist Poppers Warnung vor der „Methode des Planens im großen Stil", weil darin Keime des totalitären „Führerprinzips" enthalten seien. Behaltenswert schließlich ist sein Satz, daß „Wissenschaft immer auf Treibsand gebaut" ist. G.Z.

ARD Hauptstadtstudios
Berlin, 1998
Das langgezogene Atrium, das sich
über alle Geschoße erstreckt, wird von
Brücken durchquert. Screens aus Gold-
geflecht schirmen diesen Innenraum teil-
weise gegen die umlaufenden Gänge ab.
Offener Raum entsteht hier, der bei aller
eigenen Qualität vor allem den agieren-
den Personen das Gefühl von Exquisit-
heit vermittelt.

Glamour (1) – ist ein betörendes Versprechen, so wie der Schriftzug Hollywood über Los Angeles. Glamour ist eine erotische Kategorie, die selbst den banalsten Alltagsgegenstand in ein flirrendes Licht taucht. Wenn etwas Glamour hat, dann wohnt ihm magnetische Anziehungskraft inne, dann verheißt es eine spezifische Erlebnisqualität, dann wird es zum Gegenstand der Begierde. Auch wenn es de facto gewöhnlich ist. Jeder liebt Glamour. Jeder möchte selbst Glamour haben. Und jeder läßt sich durch Glamour verführen. L.W.B.

(2) – Glamour ist der Zentralbegriff unserer Gegenwartskultur. Er bezeichnet den betörenden Glanz des Auftretens und der Oberfläche, das Paillettenkleid und die geschminkte Gutelaune. Über deren Ursache und Gehalt sich Gedanken zu machen, ist bestenfalls müßig, sonst verschmockte Bildungsallure. Die Medienwelt strahlt im Glamour des lachenden Gesichts. Es zählt die Strahlkraft. Nur der Clown weiß um die Melancholie des Abschminkens. → *ARD Haupt-*
stadtstudios S. 78/79, 219 G.Z.

Glasur, utopische – Aus dem Kino ist die Methode am ehesten bekannt: Sollen Bauten und Geräte glaubwürdig ein System repräsentieren, das uns nicht vertraut ist, weil es so weit zurück oder so weit voraus liegt, so werden Bauten und Geräte, wie wir sie kennen, verwendet und mit einer irritierenden Schicht geometrischer Partikel überzogen. Die kleinteilige Glasur schafft es, mit minimiertem Aufwand Bekanntes in etwas vermeintlich Fremdes zu wandeln. Als Betrachter hat man kaum Chance, sich der nervösen Mixtur zu erwehren, die unter einer diffusen Oberfläche geringfügige, aber desto wirkungsvollere Vertauschungen vornimmt. Was diese Glasur so wirksam macht, ist die Glaubwürdigkeit, die sie Dingen verleiht, die es so noch nicht gibt. Sie funktioniert als Gleitmittel für den Übergang zu einem nächsten kulturellen Verständnis, eine Methode zur Transformation des Anerkannten und Bewährten in die Perspektive einer Zeit, die kommt. → *S.L.U.B. S. 14, 19, 22, 98, 142/143, 167, 224*

L.O.

gold – Farbe für die Stadt: strahlt gute Stimmung aus, frisch, lächelnd, selbstbewußt. Das Stadtgold ist frei von den unangenehmen Aspekten eines Puritanismus moderner Baumaterialien und läßt sich trotz vieler historischer Anwendungen nicht als traditionell abqualifizieren. Die Qualität, sich chemischen Einflüssen für immer entziehen zu können, gibt dem Gold auch konzeptuelle Souveränität: es glänzt selbstverständlich neu.
→ *Turm Neuss S. 113, 193* → *Theater- und Kulturzentrum S. 89, 111, 127, 131, 134, 176, 223*

L.O.

Turm, Neuss, 1985
(Haus-Rucker-Co)
In einen simplen Quader aus Holzbohlen ist ein konischer Zylinder aus goldeloxiertem Metall eingeschrieben: außen einfach, innen splendid.

Bahnhof Papestraße
Berlin, 1999
Die 2000 m² große Fläche der Bahn-
hofshalle wird von einer feingliedrig
gekrümmten Glasstruktur überwölbt.
Der außerordentlichen Dimension der
Halle verhilft die optisch schwer faßli-
che Hülle zur eigentlichen Größe.

g r o ß a r t i g – Größe, einfach physische Größe, gehört zu den Grundstoffen der Baukunst. Nichts, was unmittelbarer auf den Betrachter wirken könnte, nichts, was so direkt den Willen verdeutlicht, der über eigenes Streben hinausgeht. Daß Großsein dennoch nicht genug ist, durch viel Kleineres sogar überwunden werden kann, ist eine Lektion der christlichen Kultur. Diese Raffinierung physischer Größe liefert in letzter Konsequenz eine konzeptuelle Großzügigkeit, die als Elixier auch dem viel Kleineren zu Größe verhelfen kann. Die Vereinigung solcher Konzeption mit großer Masse ist eigentlicher Sinn der Baukunst. → *Bahnhof Papestraße*
S. 83, 172/173, 232
L.O.

H a l t u n g – Nicht darum geht es, ob der Architekt sich für einen Künstler hält und mutwillig alles daransetzt, den Beweis dafür zu erbringen. Haltung ist vielmehr ein grundsätzliches Thema der Baukunst. Als öffentliche Kunst mit langfristiger Wirkung und großem Einfluß bis ins Private trägt sie Verantwortung für den einzelnen und die Allgemeinheit. Sie hat daher großzügig im Ansatz der Lösung zu sein und sachlich in der Formulierung. Der theoretische Anspruch hat im Einklang mit der physischen Haltbarkeit zu stehen. →
Pariser Platz   S. 99, 225
L.O.

h a u s b a c k e n (1) – ist eine Facette von Biederkeit, von Bravheit. Wenn jemand hausbacken ist, dann geht er kein Risiko ein. Hausbackenheit ist moralische Hochstapelei. Etwas tut so, als wäre es fest in der Tradition verwurzelt, aber es verschweigt, daß es nur in einem sehr, sehr schmalen Ausschnitt davon gründet. Hausbackene Architektur regt nicht auf, sie regt aber auch nicht an. Und insofern ist sie ein Feindbild für jeden, dem Architektur auch Abenteuer ist. Es mag sein, daß es irgendwo schon auch den Reiz des Hausbackenen gibt. Aber diese Gratwanderung ist gefährlich. Man traut sie nur wirklich genialisch begabten Architekten zu.   L.W.B.

(2) – Wittgenstein wünschte sich für die letzte Niederschrift seiner Philosophie eine „hausbackene" Form. Hausbacken zeigt sich da ganz im Sinn heutiger Medienstrategien. Was nicht von einer großen Zahl von Menschen aufgenommen werden kann, hat seine Aufgabe verfehlt.
Die ehemals „träge Masse" funktioniert längst als hochbewegliche gutinformierte Personengesellschaft, die sich individuell entscheidet, aber dennoch in großen allgemeinen Meinungsfeldern bewegt. Das Hausbackene ließe sich als neue Qualität definieren: als persönliche Eigenständigkeit der Betrachtung, die sich in einer gesellschaftlichen Normalität wiederfindet. → *Theresienhöhe S. 165, 227*   L.O.

Temporärer Ausstellungsbau
Forum Design, Linz, 1980
(Haus-Rucker-Co)
Das durch die weiße, transluzente Hülle
gleichmäßig gefilterte Licht, entkleidete
alle hier gezeigten Exponate ihrer visu-
ellen Überhöhung und zeigte sie in
klinischer Vergleichbarkeit.

H a u t – ist eine besondere Substanz. Sie ist der äußerste Schutz gegenüber einer potentiell immer feindlichen Umwelt. Sie ist das, was Knochengerüst, Organe, Adern, Fleisch zusammenhält, was sie überspannt. Es gibt auch andere Häute, denen Leben scheinbar nie unmittelbar innegewohnt hat. Sie können aus Blech, Karton, Plastik oder bloß Lumpen sein. In den Slums der Mega-Metropolen pulsiert unter solchen Häuten das Leben in seiner intensivsten Form. Sie können aber auch aus Glas, Metall, Stoff und Kunststoff sein und die Ambivalenz einer zivilen Ausgrenzung ins Blickfeld rücken, die zwar weder die Ewigkeits- noch die Repräsentationsattitüde herkömmlicher architektonischer Hüllen für sich in Anspruch nimmt, aber ihre Schutzfunktion immer noch erfüllt. Ein Rest Unsicherheit ist in solchen Häuten aufbewahrt: Sie wirken fragil, sie scheinen zerstörbar. Ihr substantieller Gehalt, das, was darunter passiert, bleibt davon aber unberührt, er rückt sogar in einen neuen Wahrnehmungskontext ein. Unter der Haut sieht man die Dinge anders. → *Temporärer Ausstellungsbau S. 119, 124, 192* → *Turm am Kantdreieck S. 66, 130, 152, 154*   L.W.B.

Hilfslinie – Die Hilfslinie dient zur geometrisch und optisch korrekten Konstruktion von Körpern und Figuren im Raum. Sie ist ein Mitbringsel der Zentralperspektive, die der kulturphilosophischen Legende nach in der Renaissance erfunden wurde. Sie erlaubt die realistische Wiedergabe des Objektes sowohl in den Größenverhältnissen der Einzelteile zueinander als auch in seiner Stellung im physischen Raum (fliehende, steigende Kanten). Mittels Hilfslinie konstruierte Objekte erzeugen bei der Wiedergabe auf der zweidimensionalen Fläche die Illusion der Dreidimensionalität. Sie gewinnen eine Tiefe, die sie de facto nicht haben können. Dieser Effekt kann in der gebauten Architektur genutzt und als Ornament geometrischer Logik bezeichnet werden. → *Casa Rossa S. 108, 195* → *Kunsthalle am August Macke Platz S. 34, 116/117, 196* → *Maxx Hotel S. 68/69, 153, 211* → *Pergola S. 68*   G.Z.

h ö r e n – Um Feines hören zu können, bedarf es konstruktiv aufwendiger Räume, deren optischer Eindruck aber an sich schlicht ist, weil aller Aufwand hinter den sichtbaren Oberflächen liegt. Große Mengen schwerer Masse und spezifische Rauheit der Oberfläche sind physikalische Voraussetzung für die Feinheit akustischer Wahrnehmung. Die Qualität solcher Hör-Räume basiert auf der völligen Trennung einer äußeren tragenden Hülle von der darin befindlichen Raumschale: im Prinzip eine Schachtel in der Schachtel, jede aus 30 cm dickem Beton und allseitig durch ein System von zweigeteilten Puffern um 5 cm so voneinander getrennt, daß sich keine akustischen Brücken bilden können. Um zusätzliche Masse zu gewinnen, sind Boden und Decke der Innenhülle mit 1 cm dicken Stahlplatten belegt. Was hier an Lautem produziert wird, läßt sich ohne Verfälschung bis ins Leiseste hören, was immer an Lautstärke draußen passiert, dringt nicht ein. Dieser Ort ist vom omnipräsenten technischen Rauschen der Welt entkoppelt. → *Theater- und Kulturzentrum S. 89, 111, 127, 131, 134, 176, 223* L.O.

Hülle, dicke – Die Hülle stellt einen Schutz gegen Schmutz, Beschädigung, Infektion oder die Wechselfälle des Klimas dar. Eine dicke Hülle schützt sowohl gegen extreme Kälte als auch extreme Hitze, und je dicker die Hülle, desto geringer ist die Verletzungsbeziehungsweise Beschädigungsgefahr. Bei Gebäuden zeigt eine dicke Hülle aus Steinen, Ziegeln oder Verputz Dauerhaftigkeit an. Sie befriedigt die Wahrnehmung und das Gefühl, insbesondere die Suche nach Geborgenheit. Ob eine dicke Hülle schwer oder leicht wirkt, ergibt sich nicht aus dem Material, sondern aus der Kunst der Architekten. → *Cover S. 24/25, 107, 120, 185* → *Museum Moderner Kunst S. 77, 91, 155, 177, 204* → *Leopold Museum S. 17, 77, 205* → *Schwerkraft S. 76* G.Z.

Casa Rossa, Berlin, 1985
(Haus-Rucker-Co)
Hinter der steinernen Hauptfassade zeigt sich der Gebäudekubus schräg angeschnitten. Eine Ecke in Pergolastruktur ergänzt die geometrische Grundfigur und hilft mit ihren Linien eine visuelle Ganzheit herzustellen.

Ideales Museum – Das Ideale Museum ist eine Raumbühne, auf der die Exponate ihren Auftritt szenisch wirkungsvoll absolvieren. Es kommt zu keiner Vermischung, zu keiner Anbiederung oder Verbrüderung: hier der Behälter, der im optimalen Fall hinter dem Inhalt verschwindet, da das ausgestellte Objekt, das seine auratische Wirkung auf die Projektionsfläche des Ausstellungsraums zurückwirft, der sich so, einem Chamäleon gleich, immer wieder verwandelt. Im 19. Jahrhundert wurden andere Museen gebaut: Da ging die architektonische Hülle mit den Exponaten eine Allianz ein, es wurden nicht Behälter, sondern Environments errichtet. Der Museumsbau des späten 20. Jahrhunderts ist an der Behälterfrage gescheitert. Vor den eigenwilligen sprachlichen Botschaften der zeitgenössischen Museumsarchitektur haben die Künstler die Flucht in Industriehallen angetreten. → *Ideales Museum S. 54/55, 137, 197* L.W.B.

Ideales Museum
documenta 8, Kassel, 1987
(Haus-Rucker-Co)
Das Museum als Behälter im Sinn der Künstler: rechteckiger hoher Raum, graue Wände, Tageslicht von oben, eine Öffnung zum Hereinkommen, eine zum Hinausgehen. Für die documenta 8 wurde das Modell dieses Raumes hergestellt; als Exponat befand sich darin eine Modellreihe solcher aneinandergekoppelten Museumsbehälter.

Hafentor, Düsseldorf, 1993
Bei aller beiläufigen Stapelung ergeben
die über dem bestehenden, langge-
streckten Hafengebäude aufgetürmten
Bauteile eine für diesen Ort markante
Figur: das Hafentor.

Identität – ist nach Leibniz das, was alle Dinge voneinander unterscheidet. Anders ausgedrückt: Jeder
Mensch, jeder Gegenstand, jede Sache kann nur mit
sich selbst identisch sein. Insofern ist Identität eine Art
Gegenteil von Gleichheit. Für die Architektur bedeutet
das: Die Identität eines Ortes hat maßgeblichen Einfluß auf die Beschaffenheit der Bauten, die dafür geplant werden. Wenn aber der Ort keine deutlich artiku-
lierte Identität besitzt, dann geht es für den Architekten
darum, mit seiner Planung Identität zu schaffen. Identität ist aber nicht gleichzusetzen mit Individualität. Ein
identisches Gebäude strahlt selbstverständliche Eigenart ab und prägt damit das Umfeld. → *Hafentor S. 106,*
216 → *Wien Mitte S. 29, 72, 109, 138, 162, 208*   L.W.B.

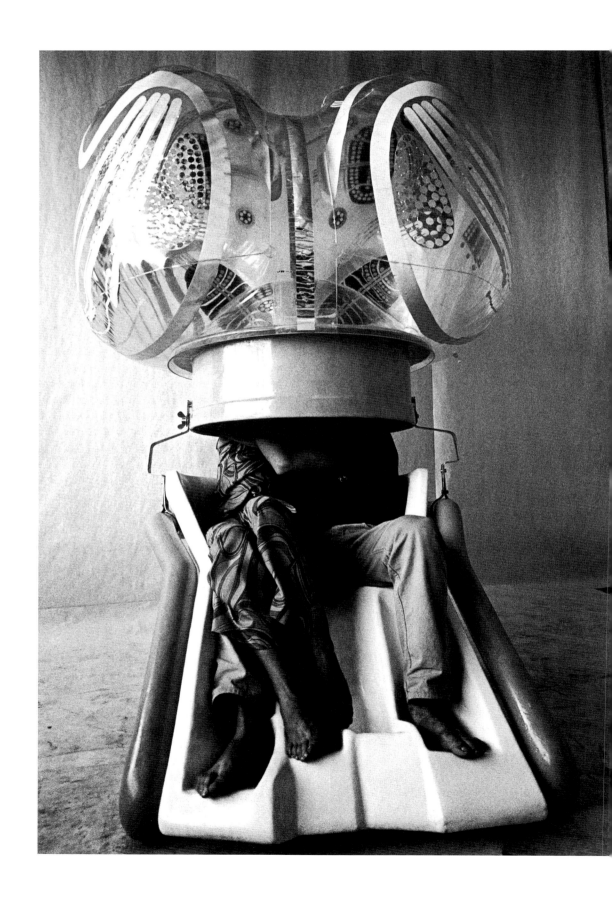

immateriell – ist eine Eigenschaft, die in der neueren Architektur eine spezifische Rolle spielt. Sie charakterisiert nicht die Immaterialität, die architektonischer Qualität generell innewohnt, sie meint die Möglichkeit, Raum mit einem so minimierten Materialaufwand herzustellen, wie es das nie zuvor gegeben hat. Diese Möglichkeit resultiert aus der technologischen Entwicklung. Heute können sich Räume in der Transparenz einer Glasfassade, einer Folienbespannung scheinbar in nichts auflösen. Solchen Räumen ist Spannung und Irritation, eine besondere Erlebnisqualität eingeschrieben. Dadurch bringen sie den Empfindungshaushalt desjenigen durcheinander, der sich darin aufhält. Es ist so wenig da, das physischen, materiellen Halt gibt, und es ist so viel an sinnlichen Eindrücken da, die scheinbar ungefiltert anbranden. In immateriellen Räumen wird man auf die Intimität der eigenen Sinneserfahrung zurückgeworfen. → *Mind Expander S. 139, 164, 182*

L.W.B.

Integrität – Unbestechlich zu sein, zählt in der Baukunst besonders. Dabei geht es nicht um Geld, sondern um die Haltung, die gegenüber den ständigen Forderungen nach Verminderung einzunehmen ist. Was dann mit Härte gegen den Auftraggeber und die ausführenden Firmen durchgesetzt werden muß, schafft erst diesen wesentlichen Unterschied zwischen gut und mittelmäßig. Während des Bauens für unnötig und nicht sichtbar erachtet, wird dieser Unterschied dann zum nachhaltigen Merkmal von Baukunst. Paradoxerweise bedeutet in solchen Fällen integer zu sein, den Konsens zu verlassen, um den Bau vor dem Bauherrn zu schützen.

L.O.

Mind Expander, Wien, 1967
(Haus-Rucker-Co)
So ausgeprägt die Form dieses Geräts ist,
so soll seine Wirkung doch ausschließlich
auf die Erweiterung visueller Wahrneh-
mung gerichtet sein.

Kisten – sind ökonomische Behälter. Sie bestehen aus Boden, Wänden und Decke und umhüllen bei minimalem konstruktiven und materiellen Aufwand ein Maximum an Raumvolumen. Kisten sind schmucklose Behälter. Ihre äußere Erscheinung ist zwar kraftvoll, aber in der Regel roh, ohne Feinschliff, sodaß auf ihrer Oberfläche selbst ein so schlichter Aufdruck wie „oben", „unten", „zerbrechlich" unversehens zum Ornament mutiert. Kisten sind stabil. Sie nehmen genau soviel Grundfläche in Anspruch, wie nötig ist, um ein ausgewogenes Verhältnis zwischen Länge, Breite und Höhe herzustellen. Und sie bedienen sich des rechten Winkels als zuverlässigster Möglichkeit des Aufeinandertreffens verschiedener Richtungen. Deswegen hat sich auch die zeitgenössische Architektur wieder auf die Qualität der Kiste besonnen: Sie vermag bei minimalem Aufwand ein Maximum an Nutzen zu erbringen; sie zieht durch die ursprüngliche Kraft ihrer Präsenz die Aufmerksamkeit auf sich; und sie signalisiert standhafte Zuverlässigkeit. Die dekorierte Kiste ist insofern ein Widerspruch in sich. → *Ideales Museum S. 50, 137, 197* → *Hafentor S. 51, 106, 216*   L.W.B.

Ideales Museum
documenta S, Kassel, 1987
(Haus-Rucker-Co)
Die Reduktion des Ausstellungsraumes auf eine lapidare Kiste, in die von oben natürliches Licht fließt, entsprach vor allem den Forderungen der Künstler. Das Ideale Museum reiht solche Kisten aneinander, jede für sich 50 cm vom Boden abgehoben und durch einen gedeckten Steg mit der nächsten verbunden.

Kitt, urbaner – Kitt als amorphe Masse, mit der sich Zwischenräume homogen schließen lassen, hat für die Stadt besondere Wichtigkeit. Dieser urbane Kitt ist Bausubstanz von ungerichteter Gestalt: Sie verbindet Vorhandenes ohne Zurschaustellung eigener Qualitäten. Solches Zurücknehmen von Eigenheit schafft im Gegenzug gediegene Selbstverständlichkeit. Die kompakt erlebbare Kultur einer Stadt hängt von der Qualität dieser Substanz ab und nur in geringerem Maß von den solitären Manifestationen eines großen Wollens.

L.O.

Klassik, subversive – Es läßt sich davon aus-
gehen, daß die Standards der westlichen Gesellschaft
weiter verfeinert und in modifizierter Form rund um die
Welt verwendet werden. Die westliche Gesellschaft jedenfalls nähert sich einem großen Konsens. Grundsätz-
liche Übereinstimmung regelt das Leben der großen
Mehrheit. Den Fall eines Zusammenbruchs dieses Systems außer acht lassend, steuern wir auf eine klassi-
sche Periode zu.

Wir sind dabei, das Tempo zu wechseln. Im Gegenzug
zum Strom der Veränderungen versuchen wir, das eigene Leben langsamer zu machen. Verfeinerung braucht
Zeit. Die Beständigkeit, die dafür notwendig ist, verlangt nach Bindung an einen Ort der Auslese. Sorgfalt
beim Wählen aus dem überfließenden Angebot wird
zur individuellen Disziplin.

Was sich hier anbahnt, ist eine Kultur der Verzögerung.
Verzögert und ausgedehnt wird zuallererst die Lebens-
zeit, die jedem gegeben ist. Verzögerung aber auch im
allgemeinen. Der rasche Durchfluß unterschiedlicher
Entwicklungen soll in seinem Lauf verzögert und aufgestaut werden. Verzögert wird der Zyklus einer bishe-
rigen Erneuerung, die als hektisches Probieren letztlich
nichts Nachhaltiges hervorbringen konnte, auf dem sich
weitermachen ließe. Wenn nun in vielen Bereichen eine
bisher ungewohnte Form von Zurückhaltung festzustel-
len ist, so zeigt sich darin eine umgekehrte Strategie:
die Herstellung eines Reservoirs, in dem sich alles sam-
melt, was allgemein anerkannt ist und sich über länge-
re Zeit bewährt hat. Im Grund genommen eine Essenz
aus dem Alltäglichen von vielen Tagen, die als gestau-
tes Energiepotential auch alle subversiven Momente
des Wandels beinhaltet. Die Menge des Stillgehalte-
nen bietet die Möglichkeit, sie mit einem Mal loszulas-
sen und so mit einer bisher nicht dagewesenen Kraft
den Zugang zur nächst höheren Ebene eher freizule-
gen als bei allen vorherigen Versuchen.   L.O.

klassisch – Mit klassisch könnte all das bezeichnet werden, was sich nicht mehr verbessern läßt. Ein erstrebenswerter Zustand, weil er zu einer Sicherheit und Gelassenheit gefunden hat, die in sich selbst ruht. Und doch bedenklich, weil dazu alles Widersprüchliche wegbewältigt werden mußte, alle Offenheit mit einem sinnvollen Schluß für beendet erklärt wurde. Wenn es eine Kraft gibt, die Kultur vorantreibt, so kann es nur die des Mischens sein: Alles mit allem zu verbinden, Brüche und Ungezähmtes in Kauf zu nehmen, nichts Reinrassiges zuzulassen.

Als absehbar kann man annehmen, daß sich auch hier nach vielem Probieren eine Form von breitem Konsens einstellen wird. Das wäre eine andere Form von Klassik: die der unendlichen Vielzahl von Köpfen, in denen sich ganz ähnliche Gedanken bewegen, die ganz ähnliche Wünsche formulieren, die mit ganz ähnlichen Erzeugnissen befriedigt werden. L.O.

kompakt – bedeutet dicht, fest gefügt, massiv; beim menschlichen Körper auch gedrungen und stämmig, im weiteren Sinne handlich, griffig.

In der Architektur gewinnt der Begriff bei Baumaterialien Bedeutung, insofern er Gewichts- und Schwerevorstellungen wachruft und Qualitäten angibt. Eine Betonmischung kann kompakt und samtig oder locker und von Blunkern übersät sein. Damit verweist der Begriff auch auf die Haltbarkeit. Eine fast wortwörtliche Übertragung erhält er durch das Wort Zusammenpacken – vieler Einzelteile, dicht gefügte Ziegelsteine beispielsweise oder Bücher. → *Die Erste Bank S. 103, 222* → *Theater- und Kulturzentrum S. 89, 111, 127, 131, 134, 176, 223* G.Z.

Die Erste Bank, Linz, 1998
Blockbebauung in zwei kompakten, übereinandergelagerten Schichten, die durch ein gläsernes Geschoß voneinander getrennt sind. Die im Straßennetz wichtige Ecke ist durch einen 5 m hohen Kubus markiert, der sonst keine Funktionen aufweist.

Konsens – Zusammenhang, Übereinstimmung, war früher die unausgesprochene Voraussetzung aller Bautätigkeit in der Stadt. Über den Konsens regulierten sich individuelle Geschmacksvorlieben und Eigenheiten. Der einzelne paßte sich als Bauherr ohne obrigkeitliche Vorschrift ins Gehörige seiner Umgebung ein, und der Architekt ermaß baukörperliches Auftreten, Ausstattung, Farbigkeit und Ornamentik nicht nur nach den Investitionsmitteln, sondern selbstverständlich auch nach den vorgefundenen Nachbarschaften. Verpönt war es, zu sehr aufzufallen oder hervorzutreten, umgekehrt suchte man Schutz und Abdeckung in der Übereinstimmung mit dem Anderen. Der Konsens bröckelte mit Beginn der kulturellen Moderne. Im Verlauf des 20. Jahrhunderts ist der Konsens in eigentlich allen Gesellschaften Zentraleuropas zerfallen. Lange galt er als Schreckgespenst der individuellen Freiheit. Deswegen klingt im Begriff Konsens ein melancholischer Ton der verlorenen Utopie mit. Heute muß Konsens über obrigkeitliche Vorschriften (Gestaltsatzungen) erbeten werden. Sie erzeugen einen schalen Nachgeschmack, ohne deswegen schon in der baulichen oder architektonischen Sache zu verlieren oder falsch zu sein.   G.Z.

konzeptuell – Das Ansteuern einer Lösung ohne eigenen Vorlieben zu folgen. Eine Vorgangsweise, die durch Aneinanderreihung nachvollziehbarer Schlüsse bei einem Ergebnis landet, das die eingefahrenen persönlichen Praktiken weit hinter sich läßt. Das völlige Vertrauen auf die Kraft einer Idee, die im Idealfall von nirgendwo kommt und mit ansatzloser Geraden das Problem trifft. → *Ausstellung O & O S. 114, 218* → *Ausstellung Haus-Rucker-Co S. 35, 121, 158, 213* → *Nike S. 21, 105, 190* → *Ideales Museum S. 50, 54/55, 137, 197*   L.O.

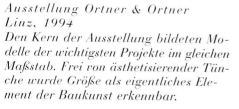

Ausstellung Ortner & Ortner
Linz, 1994
Den Kern der Ausstellung bildeten Modelle der wichtigsten Projekte im gleichen Maßstab. Frei von ästhetisierender Tünche wurde Größe als eigentliches Element der Baukunst erkennbar.

*Informationszentrum Wattenmeer
Expo 2000, Hamburg, 1999
Der Bau als Korridor, der die visuellen
Ereignisse einer Ausstellung als struktu-
rierte Folge überschaubar macht.*

K o r r i d o r e – gelten als Not, nicht als Tugend. Man braucht sie als Wege innerhalb eines Gebäudes, aber man passiert sie nur, um zu etwas anderem, um zur Hauptsache vorzudringen. Korridore sind insofern transitorische Räume. Sie sind Räume, in denen man nicht bleibt. Und denen man daher nur bedingt einen qualitativen Eigenwert abverlangt. Lange Korridore werden als monoton und einfallslos angesehen, sie werden als Audruck eines nicht bewältigten Erschließungskonzeptes gewertet. Und doch kann dem Korridor Spannung innewohnen, denn an ihm hängt der eigentliche Gebäudeinhalt. Dadurch kommt dem Korridor eine Rückgratfunktion zu. Er hält die Teile zusammen, er verschränkt sie miteinander und lenkt gleichzeitig unseren Weg und unseren Blick. Man will sehen können, was noch kommt. Dann überläßt man sich dem Sog eines Korridors gern. → *Informationszentrum Wattenmeer S. 233* → *Temporärer Ausstellungsbau S. 47, 119, 124, 192* → *Ideales Museum S. 50, 54/55, 137, 197*   L.W.B.

L a y e r s – Der Begriff Layer stammt ursprünglich aus der Botanik und meint die Triebe und Schößlinge der Pflanzenkultivierung. Er ist zutreffend mit „Aufpfropfen" übersetzt. Eingebürgt hat sich mittlerweile die metaphorische Bedeutung für die Geschichte im allgemeinen; sie orientiert sich am Bild der geologischen Schichtungen und evoziert einen naturwüchsigen Prozeß der Historie. Eine dritte Bedeutung hat er schließlich bei den Computern gewonnen. Hier meint er die Schichtung der Fenster, Bilder und Programme auf dem Bildschirm. Dabei bewahrt er die Funktion der alten architektonischen Entwurfsdarstellung mit übereinandergelagerten Klarsichtfolien, um Entwurfsschichten, Motive und Binnenthemen aufzufächern. Nur sind im Computer die Folien hologrammatisch.   G.Z.

L i c h t – ist der bedeutendste Baustoff. Es gibt tageslichtdurchflutete Räume, die vergessen lassen, daß sie eine Hülle haben, und die sich bei Nacht, im Kunstlicht, zu Leuchtobjekten verwandeln, die aus sich selbst heraus zu strahlen scheinen. Licht zeichnet als Streiflicht auf schattige Wände ein lebendiges Muster. Und es leuchtet gefiltert einen Raum so gleichmäßig aus, daß es fast stoffliche Eigenschaften annimmt, sodaß man meint, sich hindurchtasten zu müssen. Es verwischt die tatsächlichen Verhältnisse in einem Raum – dessen Größe und Höhe. Und es prägt dessen Charakter, dessen Atmosphäre. Licht ist jener Baustoff, der sich auf das Wohlbefinden der Benutzer eines Bauwerks am nachhaltigsten auswirkt. Licht ist wie Luft: lebensnotwendig. → *Museumsquartier S. 13, 67, 97, 122, 146/147, 203* → *Aura S. 17*   L.W.B.

Museumsquartier Wien, 1994
Für den ursprünglich geplanten Dialog des Museumsquartiers mit der Innenstadt über den First der vorgelagerten Hofstallungen hinweg war Licht das wichtigste Medium: bei Tag durch den wechselnden Glanz der gläsernen Gebäudehüllen, nachts durch temporäre Beleuchtung unterschiedlicher Teile.

Luftraum – gilt in der zeitgenössischen Architektur als Luxus. Denn wo es Luftraum gibt, ist für gewöhnlich auf Nutzfläche verzichtet worden. Luftraum ist letztlich die Folge von Platzverschwendung. Es gibt ihn, wo räumliche Großzügigkeit ein Thema ist; und dort, wo eine spezifische Nutzung der artikulierten Großartigkeit bedarf.

Es gibt allerdings auch einen Luft-Raum anderer Spielart. Und der befindet sich draußen – eine Art Zimmer im Freien, das Boden und Wände hat und darüber den Himmel. In einem solchen Raum ist alle Umgebung ausgeblendet, die Unklarheiten schafft. Nirgendwo kann man das Blau des Himmels intensiver wahrnehmen. → *Europä Design Depot S. 20, 104, 136, 214* → *Museum Moderner Kunst S. 77, 91, 155, 177, 204* → *ARD Hauptstadtstudios S. 42/43, 78/79, 219* L.W.B.

marktgerecht – ist eine Kategorie, die immer noch von einem unangenehmen, fast negativen Nimbus umgeben ist, weil sie suggeriert, daß eine Planung nach Kriterien des „trivialen" Bedarfs und ökonomischen Richtlinien erfolgt, aber nicht auf der Basis „hochkultureller" Ansprüche. Das macht sie verdächtig: Denn unsere Denkmuster, bezogen auf Architektur, sind anders strukturiert. Wir ordnen dem kulturellen, dem künstlerischen Stellenwert größere Bedeutung zu als dem pragmatischen, auf die konkrete Einlösung eines Funktionsbedarfs gerichteten Auftrag. Mental wehren wir uns dagegen, daß den Marktmechanismen eine Intelligenz innewohnt, gegen die sich nicht argumentieren läßt. Das ist anachronistisch, eine „feudale" Restvorstellung aus anderen Epochen ist darin bewahrt. Die Dynamik des Marktes hat sie außer Kraft gesetzt. L.W.B.

Maßstab – ist der Meterstock, das Prüfband der Einheitswerte. Der Maßstab gibt die Größenverhältnisse an, in denen die Dinge zueinander stehen. Die Vereinheitlichung der Maße war zivilisationsgeschichtlich eine kaum hoch genug einzuschätzende Leistung; die Erkundung der Erde, die Entdeckung der Kontinente, die Kartographie hängen gleichsam am Meterstock. In der Architektur spielt der Maßstab eine konstruktive und ästhetische Doppelrolle: mit seiner Hilfe wird das Haus technisch und physikalisch zusammengefügt. Sodann gibt er Auskunft über die angenehme, beunruhigende oder störende Wirkung des Aussehens. Bei Ensemblebildungen kann der Maßstab auch aus der zu bildenden Gruppe gewonnen werden, um sich gegen Diversität und Richtungslosigkeit der Umgebung ausgleichend oder harmonisierend abzusetzen. → *Stadtteilzentrum Brüser Berg S. 12, 141, 159, 163, 198* G.Z.

Europä Design Depot
Klagenfurt, 1994
Der Himmel über dem vierseitig, mit 2 m hohen Wänden eingefaßten Innenhof zeigt sich farbintensiver und kompakter als außerhalb des Hofes: infolge des Ausblendens aller perspektivischen Dunstschichten.

M e d i a t o r – Die demokratische Gesellschaft tut sich schwer mit großen öffentliche Bauprojekten, die über die Erfüllung dringend benötigter Erfordernisse hinausgehen. Den übergeordneten Sinn zu vermitteln und ihn auch auf breiter Ebene medial auseinanderzusetzen, verlangt eine Position, die nun zwischen politischem Willen und öffentlicher Meinung Übereinstimmung herstellt. Ein Mediator, der von beiden Seiten anerkannt wird, wäre in der Lage, nicht nur Inhalte auf den professionellen Kanälen an die Öffentlichkeit zu bringen, sondern auch das Projekt als gesamtes zu schützen. Minister und politisch Verantwortliche wechseln den demokratischen Fristen entsprechend, der Mediator kann bleiben bis zum Ende des Projekts. → *Museumsquartier S. 13, 59, 67, 97, 122, 146/147, 203*   L.O.

M e d i e n – Die Medien sind heute eine allfällige Realität. Man hört dem Begriff kaum noch seine aufklärerischen Wurzeln an. Medien sind Mittler und Überträger von Nachrichten und Meinungen. Den elektronischen Medien kommt heute eine politisch kaum noch zu begrenzende Macht zu. In diesem Sinne sind die Medien in den modernen Demokratien die „vierte Gewalt" und die einzige, die keiner wirklichen Kontrolle unterworfen ist. Sie selbst beanspruchen, die öffentliche Kontrolle zu sein. Man mache hinsichtlich der Kontrollierbarkeit der Medien ein Gedankenexperiment: Wie wäre eine Regierung zu nennen, die ausschließlich nur sich selbst kontrolliert. Das verrät viel über die Bedeutung der Medien heute.   G.Z.

m e h r h e i t s f ä h i g – Die demokratische Gesellschaft basiert auf dem Prinzip der Mehrheitsfähigkeit. Und je rascher sich ein Gleichstand an Informiertheit einstellt, desto eher überträgt sich dieses Prinzip der Mehrheit-zur-politischen-Willensbildung auf alle anderen Bereiche gesellschaftlichen Lebens. Der freie Markt lebt von der ständigen Suche nach Mehrheiten für seine Produkte. Industrielle Herstellung und die damit

Leseturm
Museumsquartier Wien, 1994
Das Zufallbringen des Leseturms als
markantesten Teils des Museumsquar-
tiers erwies sich als Symbol für das
Schwinden jedes politischen Gestal-
tungswillens. Regiert wurde Österreich
vom Herausgeber des auflagenstärksten
Boulevardblattes, der sich täglich auf
die breite Zustimmung seiner 2,5 Millio-
nen Leser berufen konnte. Von seiner
Duldung hing die Durchsetzung wesent-
licher politischer Ziele ab. Die Dimen-
sionierung des Museumsquartiers wurde
tatsächlich durch ihn verfügt.

verbundene Erschwinglichkeit sind an die große Zahl gleicher Kauf-Entscheidungen gebunden. Für sich noch den Vorsprung einer Vorreiterposition zu beanspruchen, bleibt vielleicht einer schwer zugänglichen Wissenschaft übrig. Die Kunst jedenfalls hat längst ihre Position gegenüber diesem genieplättenden Mehrheitsmotor revidiert: Sie preßt den Saft ihrer Eigenständigkeit aus der subtilen Erklärung der mehrheitsfähigen Wirklichkeit. → *Leseturm S. 207* → *Öffentlichkeit S. 67*

L.O.

Ballon für Zwei, Wien, 1967
(Haus-Rucker-Co)
Die Raumhülle aus Kunststoffolie um-
schließt zwei Personen, die im Inneren
auf einem Stangengerüst sitzen, das
langsam aus dem Fenster einer Woh-
nung geschoben wird.

m i n i m a l (1) – Reduzierung auf das Exquisite. Sichtbare Verringerung in der Zeit des Überfließens. Als
formaler Lösungsansatz längerfristig weiterverwend-
bar. L.O.

(2) – Die kleinste Menge an Material und
Energie für die größtmögliche Gebäudehülle. In diesem
Sinn die technologische Irritation eines natürlichen
Bauprinzips. Am konsequentesten definierte Buckminster Fuller ohne Schielen auf ästhetische Wirkung
diese Minimierung der Ressourcen, die damit auch
zum Modell für ökologisches Haushalten wurde. Was
bei diesen elementaren Hochrechnungen außer acht
bleibt, ist der Menschen Wunsch nach mehr. Der ab-
strakte und in seiner Umsetzung luxuriöse Minimalis-
mus, wie er sich in der Kunst und im modischen Leben verkörpert, erfüllt diesen Wunsch eher. → *Ballon*
für zwei S. 16, 100, 183 L.O.

m o d e r n – Das Adjektiv modern besetzt in der Zei-
tenfolge von der Vergangenheit zur Zukunft stets die
Gegenwart. Es steht in Opposition zum Alten, Alther-
gebrachten und wird modal übersetzt mit zeitgemäß.
Entscheidend am Adjektiv sind die moralisch-sittlichen
Verwirrungen, die es im Bewußtsein anrichtet. Unmo-
dern zu sein gilt als verpönt. Umgekehrt kann eine of-
fensiv eingesetzte Unmodernität schnell zur Mode und
damit modern werden. Allgemein gilt, daß das Jüngst-
vergangene das Unmodernste überhaupt ist und eine
jede Generation neu zu bestimmen hat, was ihrer Vorstellung nach modern ist. Der Sündenfall des Modernen ist die Kanonisierung zu der Moderne. Zumal in
der Architekturgeschichte des 20. Jahrhunderts gab sie
vor, mit ihrer Formensprache und Baugrammatik uni-
versale, und damit zeit- und ortsüberhobene Bedeutung erlangt zu haben. G.Z.

*Turm am Kantdreieck, Berlin, 1985
(Haus-Rucker-Co)
Der Baukörper bildet sich aus vier gekrümmten Fassaden-Flächen, türkis
glasiert, ohne ersichtliche Bezüge zum
Umfeld: eine Schaufel-Spindel, die durch
den angelehnten Stab außer Betrieb
gesetzt zu sein scheint.*

morgenländisch – Immer schon ist Kindern das
Morgenland lieber gewesen. Wegen der rätselhaften
Fremdheit, der Pracht dortiger Paläste und der uner-
meßlichen Schätze, die überall vergraben liegen. Menschen, die von dort nun bei uns leben, haben nichts aus
diesen diamantenen Schatullen mitgebracht. Mit ihnen
aber ist eine Fremdheit zurückgekehrt, die der not-
wendigste Stoff für jede Entwicklung ist. Morgenländisch bezeichnet nun ein Fremdsein next door, etwas, das hier verwurzelt ist und trotzdem fern bleibt.

→ *Turm am Kantdreieck S. 130, 152, 194*   L.O.

Öffentlichkeit – ist das Kernstück des Selbstverständnisses der mitteleuropäischen Demokratien. Das wird durch die Rückübersetzung in den lateinischen Namen, der res publica: öffentliche Sache und Sache der Öffentlichkeit, sowie durch die politisch-terminologische Abwandlung zur Republik deutlich. Öffentlichkeit bezeichnet das von Zugang bis Inhalt allen Gemeinsame, das keine Exklusivrechte einzelner Gruppen oder Personen zuläßt.

Heute wird der Begriff allgemein sowie besonders im Architektonischen und Städtebaulichen als der „übrige Rest" zwischen den Gebäuden verstanden. Doch ist umgekehrt gerade in den Städten die Öffentlichkeit allen partikularen Nutzungen vorgängig, egal ob sie wirtschaftlicher, industrieller, sozialer oder kultureller Natur sind. Die Gesellschaft hat sich mit Anlage der Stadt auf eine allen gemeinsame Nutzung verständigt, die sie im gemeinsamen Interesse unterverteilt. Die Öffentlichkeit ist das Erste der Stadt, nicht ihr Rest. →

Museumsquartier S. 13, 59, 97, 122, 146/147, 203 → *Museum Moderner Kunst S. 77, 91, 155, 177, 204* → *Leseturm S. 63, 207* → *mehrheitsfähig S. 63* → *Res publica S. 72*   G.Z.

…useumsquartier Wien, 1990
…as überarbeitete Wettbewerbsprojekt:
…lle Einrichtungen, die in der Ausschrei-
…ung gefordert wurden, ergeben hinter
…m vorgelagerten Fischer-von-Erlach-
…au die Silhouette einer Kulturstadt. In
…ngen öffentlichen Auseinandersetzun-
…n erweist sich dieses Bild als zu mäch-
…g, zu bedrohlich fremd.

Patina – heißt der grüne Glimmer auf Kupfer, wenn es altert. Kaum wird erinnert, daß Patina auch eine Opferschale ist, die im religiösen Ritual benutzt wurde. Allgemein gesehen ist Patina ein Edelrost, der heute zu den vornehmsten Stoffen zählt. Das ist symptomatisch, denn die Patina berichtet vom Privileg, altern zu dürfen. Doch ist nicht in erster Linie das Altern entscheidend, sondern die Eigenart, dabei schöner zu werden. Kunststoffmaterialien der Moderne sind patinalos und entziehen sich vorgeblich dem Werden und Vergehen.   G.Z.

Pergola – nennt man die Konstruktion eines räumlichen Rankgerüsts, das von Pflanzen überwachsen wird. Sie ist ein traditionelles Element jeder Gartenarchitektur. Und sie definiert Raum. Ihr Charakter ist weniger physisch als vielmehr ideell. Unter einer Pergola wird man zwar vor der Sonne geschützt, ein wenig auch vor dem Wind, aber nicht vor dem Regen, der Kälte. Der Raum, den eine Pergola schafft, hat andere Qualitäten. Er fügt dem konkret umbauten Volumen zusätzlichen Raum hinzu. Der gebaute Körper wird immateriell erweitert. Eine Pergola vermag auch Dinge – ein minder bemerkenswertes Umfeld? – wegzublenden. In diesem Zwischenbereich, als eine Grenzziehung, die keine echte Masse beansprucht, aber zu definieren vermag, liegt die Wirkung der Pergola. Sie ist wie ein räumliches Versprechen, eine Art gebauter Gedankenstrich. →
Maxx Hotel S. 153, 211 → *Kunsthalle am August Macke Platz S. 34, 116/117, 196* → *Casa Rossa S. 48, 108, 195* → *Hilfslinie S. 48*   L.W.B.

Maxx Hotel, Linz, 1995
Die Pergola faßt die unterschiedlichen Gebäudeteile zu einem großen Ganzen zusammen. Zum Fluß hin ein großes freundliches Zeichen.

public-private-partnership – bezeichnet
den Vertrag zu gemeinsamem Handeln, der zwischen
finanzmächtigen Geldgebern (private) und gewählten
Repräsentanten der Gesellschaft (public) geschlossen
wird, wobei der eine vor allem das Geld, der andere
die Erlaubnis zum Handeln gibt. Sie kann im wirtschaftlichen Bereich (Fabrik-, Autobahn-, Brücken- oder Kraft-
werkbau) verabredet werden, aber auch im Kulturellen.
Häufig wird die public-private-partnership für Kulturin-
stitutionen verabredet; Neubau von Museen, Galerien,
Musicals. Der begriffslogische Unsinn der public-
private-partnership wird in der Sachanalyse deutlich.
Die öffentlichen Vertreter sollen die Repräsentanten
aller Interessen einer Gesellschaft sein, wofür sie mit
Geldmitteln, genannt Steuern, ausgestattet werden.
Seit Firmen und Privatleute mit großer Geschicklichkeit
immer weniger Steuern zahlen, sind die öffentlichen
Kassen verarmt, und die Vertreter des Staates werden
zu Bittstellern. Die wohlhabenden Finanziers lassen daher mit einer gewissen Gnädigkeit die Bereitschaft
erkennen, statt Steuern zu zahlen ihre Geldmittel für
öffentliche Belange, aber eben auch zu eigenem Nutz
und Frommen einzusetzen. Das Partnerschaftliche daran ist, daß der eine verdient, während der andere
etwas erhält.   G.Z.

Quote – ist eine statistische Größe. Ein Zauberwort, das den Erfolg, die Erfolgssteigerung bezeichnet. Die Erfolgsquote im Sport ist selbstverständlicher Leistungsindikator, in schlechten Quoten drücken sich Niederlagen aus. Die Quote ist heute Bemessungsgrundlage für viele Bereiche. Auch für den Bereich der Hochkultur. Auf diese Entwicklung reagieren Kulturschaffende teils mit Ablehnung, teils ambivalent. Denn der Publikumserfolg als Wertmaßstab gefährdet ihre ultimative schöpferische Freiheit. Trotzdem ist längst auch die kulturelle Leistung der Quotenregelung unterworfen: auf den Erfolg, auf die Nachfrage, auf die Anerkennung kommt es an. L.W.B.

Raffinerien – sind Industrieanlagen, in denen aus Rohöl durch Destillation, chemische Umwandlung bestimmter Fraktionen und die Reinigung von Zwischenprodukten hochwertige Erzeugnisse gewonnen werden. Wenn man diesen Prozeß von seiner wörtlichen Inhaltlichkeit abstrahiert, dann wird er zu einer geradezu universellen, auf viele Bereiche anwendbaren Formel. Beispiel: Auch kulturelle Phänomene unterliegen einer solchen Chemie durch Raffinerie. Auch da werden aus gewissermaßen „unreinen" Stoffen Substanzen destilliert, die von trüben Stoffen weitgehend befreit sind. Insofern sind kulturelle und industrielle Raffinerien vergleichbar. → *Deutsches Historisches Museum S. 161, 200* → *Cover S. 24/25, 107, 120, 185* → *Temporärer Ausstellungsbau S. 47, 119, 124, 192* L.W.B.

Deutsches Historisches Museum
Berlin, 1988
Unter der Glashülle versammelt sind jene Raumbehälter, in denen Material der Zeit zu deutscher Geschichte raffiniert werden soll.

Pavillon I
Nowea 2004 Messe Düsseldorf
1999
Zwischen den bestehenden Hallen knapp
eingefügt ein Ergänzungsbauwerk, das
für die Zeit des weiteren Ausbaues wich-
tige Funktionen des Messebetriebs über-
nimmt. Seiner Funktion entsprechend
zeigt sich der Bau in knapper geometri-
scher Form, seiner Wertigkeit gemäß mit
einer Gebäudehülle aus gold-eloxierten
Paneelen.

r e d u z i e r e n – wörtlich übersetzt zurück-führen, bezeichnet die Verringerung, das Einkochen, um – etwa in der Kochkunst – die Essenz, den richtigen Geschmack zu gewinnen. Über das Maß der Reduktion entscheidet der Chefkoch selbst, da sie ein Vorgang höchster Kunst ist. Sie balanciert auf der Kippe des Zuviel/Zuwenig. In der Architektur wurde die Reduktionsästhetik Ludwig Mies van der Rohes mit dem tot- und zuendezitierten Satz „Less is more" berühmt. Auch hier zählte die Handschrift des Meisters. Die massenhaften Kopien der Miesschen Architektur zogen sodann die Verballhornung „Less is a bore" (Robert Venturi) nach sich und zeugten die kulturelle Mode der Postmoderne. Im Gegensatz zur Reduktionsästhetik der Moderne war sie einer Anreicherungsästhetik verfallen; Zitate, Anspielungen, Schmuckformen allenthalben. Seither hat das Schauspiel des Zurückführens auf die schöne Einfachheit der Formen und Baukörper erneut einen architekturethischen Wert gewonnen. → *Nowea 2004 S. 102, 230*
→ *Essenz S. 36*   G.Z.

R e l a t i o n – Bezug auf etwas. Der Baukunst liegt das komplexeste Netzwerk von Relationen zugrunde. Die Qualität der Baukunst läßt sich an der möglichst großen Zahl von geknüpften Bezügen messen, die sich schließlich als großzügiges Geflecht in einem einfach wirkenden Bauwerk wiederfinden. L.O.

R e s p u b l i c a – Bauen ist eine öffentliche Angelegenheit. Wer immer ein Bauwerk errichtet – und sei es nur das eigene kleine Haus –, dringt ein in den Raum der Allgemeinheit. Über die eigenen Interessen hinaus sind damit auch Interessen vieler anderer berührt. Eine rechtswirksame Genehmigung für die Errichtung eines Baus basiert daher auf dem Konsens all derer, denen gesetzlich ein Mitspracherecht gewährt ist. Für Bauvorhaben allerdings, die wegen ihrer Bedeutung nun tatsächlich öffentliches Interesse von allen Seiten auf sich ziehen, gibt es keine ordentliche Regelung, die divergierende Absichten in eine für alle akzeptable Reihung bringt. Die wichtige öffentliche Angelegenheit verkommt da leicht zu einer medialen Wirtshausrauferei, bei der nicht Argumente, sondern das Prinzip des Stärkeren zählt. → *Wien Mitte S. 29, 109, 138, 162, 208* → *Museumsquartier S. 13, 59, 67, 97, 122, 146/147, 203* → *Leseturm S. 63, 207* → *Öffentlichkeit S. 67* L.O.

Wien Mitte, 1998
Als neues Zentrum gegenüber dem inne-
ren historischen Kern um den Stephans-
dom hat Wien Mitte die besondere Auf-
gabe, als architektonisch Ganzes eine
Stadtfigur zu bilden, die unverkennbar
auch die Silhouette der Stadt prägt.

Bene Büromöbel
Bürogebäude und Produktionshalle
Waidhofen/Ybbs, 1988
Die nach Norden gerichtete Eingangs-
fassade des Bürohauses und die 316 m
lange Straßenfront der Fabrikationshalle
sind südländisch rot: Wärme und fürst-
liche Grandezza im hügeligen Alpen-
vorland.

r o t – ist das Blut. Und Blut ist warm. Es gibt rote Erde. Ziegel sind rot. Einer der schönsten Plätze der Welt, in Siena, ist rot. Rot verkörpert in der Architektur das Gegenteil von Blau. Es erscheint uns lebhaft und freundlich. Rot wächst aus dem Boden heraus, es ist naturhaltig. Rot strahlt Wärme ab, es vermittelt Geborgenheit und Bequemlichkeit, und es kann festlich sein. Die Röte des Rots hat viele verschiedene Namen: Es gibt ein pompejanisches Rot, ein Tizian-Rot, ein Siena-Rot ... Allen gemeinsam ist die pulsierende Kraft des Lebendigen. → *Bene Büromöbel S. 118, 201* → *Stadtteilzentrum Brüser Berg S. 12, 141, 159, 163, 198*   L.W.B.

S c h l ä f e r – Aus der Zeit des Kalten Krieges eine Bezeichnung für Agenten, die mit einer Identität ohne Eigenschaften getarnt auf den Zeitpunkt ihres Einsatzes warten. Als Strategie läßt sich diese Tarnung auf alle Maßnahmen übertragen, die ohne Verlust ihrer Leitidee durch demokratische Entscheidungsmechanismen geschleust werden sollen. Was sich vorher als normal dargestellte, kann nun durch eine geringe Verschiebung der gewohnten Bilder einen Spalt zu jenem irritierenden Potential offenlegen, das Stoff der Veränderung sein wird. → *Kunsthalle/Veranstaltungshalle S. 150, 206* → *Dachstein S. 26, 121* L.O.

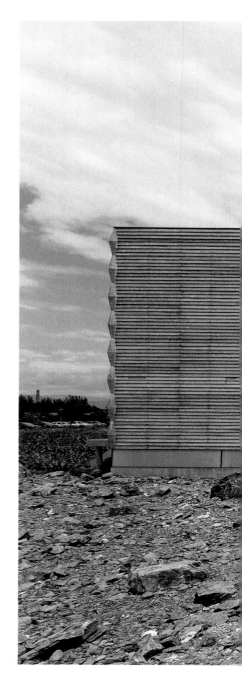

s c h l i c h t – hat in der Regel ein wenig den Touch von arm. In Wahrheit bleibt diese Sichtweise allerdings ganz an der Oberfläche. Arm ist man niemals freiwillig, Armut ist ein Schicksal, das erduldet wird. Schlicht ist dagegen eine bewußte Strategie, ein Verhaltensmuster, das man wählt. Das gilt auch für die Architektur. Schlicht ist keine Eigenschaft, wie billig oder teuer, schlicht ist eine Kategorie, die den Aufwand an architektonischen Mitteln charakterisiert, die zum Einsatz kommen. Wenn ein Gebäude, ein Raum schlicht ist, dann hat der Architekt mit seinen Ausdrucksmöglichkeiten gehaushaltet, er hat sie auf das Wesentliche reduziert, er hat sie mit Disziplin eingesetzt. In diesem freiwilligen Verzicht auf mehr liegt eine noble Geste, deshalb wird Schlichtheit als kulturell bedeutsam bewertet. Ein Gebäude, das schlicht ist, ruht in sich selbst, es steht gewissermaßen auf Fundamenten einer immateriellen, einer dritten Art. Ein schlichtes Gebäude nimmt sich selbst zurück zugunsten seines gelebten Inhalts. → *Workstation S. 149, 228* L.W.B.

Workstation, Klagenfurt, 1998
Die Schlichtheit der äußeren Erscheinung
hängt wesentlich von der Anordnung im
Inneren ab. Ein überdachtes Atrium er-
möglicht die Minimierung von Öffnungen
nach Außen.

Hauptbibliothek, Wien, 1998
Im Mittelstreifen zwischen zwei gegenläu
figen, 4spurigen Hauptverkehrsstraßen
die Hauptbibliothek einer Metropole zu
errichten, ist eine Besonderheit an sich.
Baulich läßt sich dieses Phänomen nur
in Form einer eben gestrandeten Flunder
lösen.

s c h w e b e n d – ist keine Kategorie von Masse und
Gewicht. Schwebend ist auch keine Eigenschaft, die es
a priori gibt, sondern nur in des Wortes relativer Bedeutung. Nichts schwebt wirklich. Schweben setzt voraus,
daß keine Bodenberührung stattfindet. Schweben ist
gewissermaßen die Vorstufe zum Fliegen. Aber es ist –
anders als das Fliegen – noch keine aktive Tätigkeit, es
ist ein Zustand. Ein Zustand, der die Intensität großer
Dauer und die Selbstgewißheit geheimnisvoller Ruhe
in seine Umgebung morst. Ein schwebendes Gebäude
hebt ab, es läßt die Normalität des Alltäglichen hinter
sich. Dieser Kitzel des Besonderen stellt sich geräusch-
los ein. Denn Schweben ist eine stille, eine intime, eine
auratische Angelegenheit. Eine Art Dialog mit frem-
den Galaxien, nicht wirklich von dieser Welt. → *Haupt-*
bibliothek S. 231 → *Europä Design Depot S. 20, 60, 104, 136,*
214 → *Oberbank S. 18, 23, 191* → *Ideales Museum S. 50,*
54/55, 137, 197 L.W.B.

S c h w e r k r a f t – ist die Anziehungskraft der Erde.
Sie bildet die Grundlage aller konstruktiven Anstren-
gung in der Architektur, da sie nicht so sehr überwunden, sondern genutzt werden muß, um hoch zu bauen.
Aufbauen und Errichten kann man nur, weil es als natür-
liche Bewegung die gegenteilige Richtung des Zusam-
menstürzens gibt; Kleists Anekdote vom „Schlußstein":
der Bogen hält sich allein aufrecht, weil er zusam-
menstürzen will. Somit bezeichnet die Schwerkraft ein

1

Museum Moderner Kunst (1)
Leopold Museum (2)
Museumsquartier Wien, 1995
Weißer Muschelkalk und dunkelgraue
Basaltlava sind die Fassadenmaterialien
der beiden einander gegenüberliegenden
Museen. Geschlossenheit und Schwere
dieser Gebäudehüllen haben jene Nach-
haltigkeit zu vermitteln, die diesen Bau-
werken als geschichtlichen Meilensteinen
entspricht.

2

Grundgesetz aller Architektur. Bedeutsam ist daran das
notwendige und unerläßliche Zusammenspiel zweier
Kräfte, die entgegengesetzt sind. Von dieser Grundlage her bildet sich auch die metaphorische Bedeutung.
Beispielsweise werden im Stadtraum institutionelle
Gewichte wie Dom, Schloß, Rathaus oder Museum ver-
teilt, um für die Stadtbürger erdgleiche Anziehungs-
kräfte zu entfalten. Indem man sich von ihnen absetzt,
ziehen sie an, sie halten, indem sie auseinanderstre-
ben. → *Leopold Museum S. 17, 205* → *Museum Moderner*
Kunst → S. 77, 91, 155, 177, 204 → *Hülle, dicke S. 49*   G.Z.

sehen, mit verengten Augen – Anspannen der Augenlider zu einem schmalen Sehschlitz. Das ungewohnte Zusammenziehen der Muskel läßt die Lidränder zittern, Schattenstreifen durchzucken ständig das schmale Sehfeld. Die Wahrnehmung der Dinge reduziert sich auf Hell/Dunkel-Flächen, die durch ihre ausgefransten Doppelkonturen ineinander überfließen. Im Gegenzug dieser Auflösung aller Details und Materialeigenschaften, verdeutlicht sich nun der Gesamteindruck. Proportionen und die Wirkung großer Teile zueinander lassen sich auf diese Weise überprüfen, es ist, als würde sich erst dadurch das Wesen der Dinge offenbaren.

Zuletzt hat sich die gotische Baukunst dieser Methode der Dekonturierung bedient, um auf Inhalte überzuleiten, die für andere Sinne als das Auge zugänglich sind. → *Mind Expander S. 52, 139, 164, 182*   L.O.

selbstverständlich – ist eine Eigenschaft, die Verhaltensweisen oder Gegenstände „leicht" macht, scheinbar gewichtslos. Etwas Selbstverständliches ruft einen nicht an, es fordert einen nicht auf, eigens darüber nachzudenken, es speziell wahrzunehmen, zu benennen, zu deuten. Über etwas Selbstverständliches weiß man „automatisch" Bescheid. Das vereinfacht den Umgang damit, und insofern ist es – ohne daß man sich das ausdrücklich bewußt macht – angenehm. Denn niemand will ständig aufgerufen sein, Besonderheiten zu entschlüsseln. Auch Architektur, auch Gebäude können selbstverständlich sein. Sie fügen sich ins Stadtbild oder in die Landschaft ein, so als wären sie immer schon dagewesen, fast wie natürlich „gewachsen". Ohne lang überlegen zu müssen, weiß man, wie sie funktionieren, und findet sich zurecht. Selbstverständlich ist nicht gleichzusetzen mit einfach, es hat mit einem kollektiven Erfahrungswissen zu tun. Selbstverständlich ist jedermann verständlich. → *ARD Hauptstadtstudios S. 42/43, 219* → *Theresienhöhe S. 165, 227* → *Pariser Platz S. 99, 225*   L.W.B.

ARD Hauptstadtstudios Berlin, 1998
Die gekrümmte Längsfassade folgt dem Bogen der Spree. Die Stirnseite richtet ihr großes Fenster zur Kuppel des Reichstags. Von außen nobel zurückgenommen, im offenen Innenbereich von exquisitem Glamour.

s e l t e n – hat immer auch den Aspekt des glücklich Gefundenen, des mit Fortune Zusammengebrachten. Eine Aura von Bescheidenheit umgibt das Seltene. Es hat sich nicht erzwingen lassen, kann sich daher wie selbstverständlich geben. Das Seltene erweckt den Anschein, noch immer nicht ganz entdeckt zu sein, eine Verhaltenheit, die Begehrlichkeit nach mehr erweckt. Das Seltene liegt knapp neben dem Gewohnten, ist um einen Hauch davon verschoben. Jeder hätte es herausholen können aus seiner Unsichtbarkeit. Selten ist verborgen in der großen Zahl. → *Kunsthalle/Veranstaltungshalle S. 150, 206*

L.O.

s e r i e l l – nennt man die Abfolge gleicher oder ähnlicher Elemente, ihre additive Aneinanderreihung. Bemerkenswert ist daran, daß das Prinzip der Wiederholung nicht zu Ausdünnung und Spannungslosigkeit, zur Langeweile führt. Das Gegenteil ist der Fall. Denn gerade aus der Wiederholung des gleichen, schon bekannten Elementes resultiert nicht nur ein quantitativer, sondern auch ein qualitativer Mehrwert. Die Serie ist überzeugend. Sie vermittelt Kraft. Und Geschwindigkeit. Sie ist auf einer virtuellen Ebene ohne Anfang, ohne Ende. Sie bricht sich scheinbar willkürlich die Bahn, und bricht dann absichtslos, zufällig beinahe, wieder ab. In unseren Köpfen denken wir die Reihe automatisch weiter. Sie zwingt uns suggestiv dazu. Und sie beeindruckt uns: In der Serie bestätigt das jeweils folgende Element alle anderen Elemente davor. So wird die Wirkung des einzelnen Gliedes in der Kette vielfach potenziert. Die Serie hebt ab. → *Ideales Museum S. 50, 54/55, 137, 197*   L.W.B.

s h a p i n g   b y   p u b l i c – Das öffentliche Interesse formt die Stadt. Der Verkehr verdeutlicht es: Als großer Strom vereinter Interessen erfordert seine Regulierung weitreichende Veränderungen der Stadtsubstanz. Die deutsche Stadt der Nachkriegszeit verdankt ihre Gestalt wesentlich dieser für wichtig erachteten Flüssigkeit von Verbindungen. Feinteiliger, aber um so umfassender formt die Gesellschaft ihre Städte durch die Regeln des freien Marktes. Dem akademischen Selbstwertstreben der Architekten widerspricht es anzuerkennen, daß dieser Markt es ist, der letztlich über Standort, Größe und das Aussehen ihrer Bauten bestimmt.   L.O.

S i c h t l i n i e n – grenzen ein Aussichtsfeld ein. Es gibt ein gewaltiges Panorama – man nimmt es aber nicht in seiner Gesamtheit wahr. Denn ein Hilfsinstrument sorgt dafür, daß nur ein gewisser Ausschnitt davon – wie gerahmt – ins Bewußtsein eingerückt wird. Das Umfeld ist ausgeblendet. Diese Ausgrenzung, auch Verarmung der Wahrnehmungsfläche, wird durch eine neue Qualität des eingegrenzten Bildausschnittes wettgemacht; vorgegebene Sichtlinien rücken etwas ins Bild, das man zuvor nicht bewußt, nicht in dieser Ausschließlichkeit gesehen hat. Sie erzeugen Bilder im engen Wortsinn. Etwas, das real ist, wird in die Irrealität einer Darstellung transformiert. → *Bene Tavola S. 168, 202* → *Rahmenbau S. 39, 154, 189* → *Casa Rossa S. 48, 108, 195*   L.W.B.

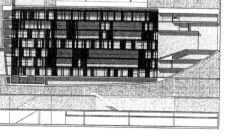

Musicon Bremen
Konzerthaus, Bremen, 1995
Der Konzertsaal selbst befindet sich rundum eingehüllt von der funktionellen Raumstruktur im Zentrum eines gläsernen Kubus. Tageslicht dringt tief in diesen Kubus ein, wird von der Raumhülle absorbiert, die abends selbst als Leuchtkörper wirkt. Der holzgetäfelte Saal im Inneren ist ähnlich einem Musikinstrument der feingestimmte Resonanzkörper, durch den die Töne sich erst voll entfalten können.

Speicherfähigkeit – Die Speicherfähigkeit ist eine wesentliche Eigenschaft der Architektur. Komplexer als andere Medien kann sie unterschiedliche Erfahrungen und zeitliche Veränderungen generell in ihre Masse einschließen und zurückhalten. Bauten der Kultur haben diese Speicherfähigkeit programmatisch zu nutzen. In ihrer Form sollen diese Bauten lapidare Blöcke sein. Ruhig, großzügig, von exquisiter Schlichtheit. Längerfristig haltbare Bausteine, die im Zweifelsfall zur Besinnung und Orientierung beitragen können. Es sollte so sein, daß dieser Architektur der identifizierbare Ausdruck fast völlig fehlt, der sie einordenbar und einer bestimmten Zeit zuschreibbar macht. Der Konsens schleift solche Bauten zurecht. Die Grundform ist reduziert auf vernünftige Machbarkeit. Zusammenhänge sind selbstverständlich, die Verpflichtetheit zum Haushalten sorgt für Schlichtheit.

Was hier aufgestaut ist als gebaute Masse, wirkt ruhig und dauerhaft. Dieses Bild ist Teil der Aufgabe solcher Gebäude: Beständigkeit und Großzügigkeit über den Tag hinaus zu liefern. → *Musicon Bremen S. 221* → *Museum Moderner Kunst S. 77, 91, 155, 177, 204* → *Leopold Museum S. 17, 77, 205*   L.O.

S p r a c h e (1) – Der Begriff Sprache bezeichnet ein System von Zeichen, das von einem inneren Regelwerk, der Grammatik, organisiert wird. Sprache und Zeichen dienen der Mitteilung und Verständigung. Die Utopie der Sprache und des Sprechens ist das Verständnis. Im idealen Sinne wird letzteres vor allem von der Liebe erwartet, deren Vollkommenheit oder eingetretene Realität daher häufig mit der Sprachlosigkeit in Verbindung gebracht wird – als wäre sie ans Ziel allen Sprechens und aller Sprache gelangt.

Neben den Wortsprachen gibt es andere Zeichensysteme, die der Mitteilung dienen. Architektur etwa kann als Sprache ohne Worte definiert werden. Ähnlich wie in der Musik wurde in der Geschichte häufiger auch eine „architecture parlante" aufgelegt, eine sprechende Architektur. Meist stellten sich diese Versuche schnell als bloße Plappermäuligkeit heraus, die bald verdroß.   G.Z.

(2) – ist auf der Ebene des Alltags ein Vehikel der Kommunikation. Wer spricht, teilt (sich) mit. Es gibt keine Sprache ohne Inhalt. Und die Anzahl der Möglichkeiten zum Transport solcher Inhalte ist beinahe unendlich. Gesprochen wird in Worten und Bildern, in Gesten und Verhaltensweisen, gesprochen wird erzählend, beschreibend, fragend, befehlend – auch suggestiv. Tatsache ist: Alles spricht, allein schon durch sein Dasein. Letzteres bedeutet, daß es unter und über den Sprachebenen des Alltags auch noch ganz andere Sprachsysteme gibt. Sie reden nicht von der faktischen Wirklichkeit des Banalen, sie reden von Bedeutungen jenseits davon, die dennoch nicht weniger real sind. Auf das Erspüren, Entziffern, auf die Deutung solcher Botschaften kommt es aber an. Sie machen den Reichtum der Ausstattung des sprachlichen Raums der Gegenwart aus.   L.W.B.

Wagner & Loos
Gaudenzdorfer Gürtel, Wien, 1997
Zwei einander gegenüberliegende Hoch-
häuser am Gaudenzdorfergürtel, in
Nähe der Stadtbahnbrücke von Otto
Wagner. Der stadträumliche Dialog, der
sich zwischen beiden Häusern entspinnt,
wird von den beiden 8 m hohen Silhou-
ette-Figuren über dem obersten Geschoß
„sprechend" weitergeführt. Wagner
(links) erklärt, Loos (rechts) hört zu.

s p r e c h e n – ist ausschlaggebend im architektonischen Entstehungsprozeß. So werden Programme
formuliert und diskutiert, so werden Rahmenbedingun-
gen abgesteckt, so wird schließlich der Entwurf des
Architekten erläutert und mit Argumenten untermauert.
Baubewilligungen werden sprachlich erstritten, Firmen
und Handwerker sprachlich angeleitet und motiviert,
auch Nutzer werden letztlich sprachlich überzeugt. Der
Architekt muß (zuhören und) sprechen, das heißt, er
muß dialogfähig sein. Wenn er über diese Fähigkeit
nicht verfügt, erleidet er unweigerlich Schiffbruch. Andererseits: Ein Gebäude, das zur Vermittlung seiner
qualitativen Eigenart der Beschreibung durch Worte
bedarf, hat sein Ziel nicht erreicht. → *Gaudenzdorfer
Gürtel S. 171, 226*   L.W.B.

S t a d t g r u n d r i ß – Der Stadtgrundriß ist das Ske-
lett der Stadt, ihr Knochenbau, aus dem sie Stabilität
und Struktur bezieht. Die Architektur hingegen verleiht
ihr Haut und Fleisch. Sie bestimmt das Aussehen – um
nicht zu sagen, das Ansehen der Stadt. Der Stadtgrundriß verzeichnet die Lage der Plätze, Wohnquar-
tiere und Gewerbegebiete, den Verlauf, die Länge,
Anzahl und Größe der Straßen. Er spiegelt die Lage
der gemeinsamen, monumentalen oder öffentlichen
Funktionen wie Rathaus, Museum, Kirche oder Dom,
Messeplatz, Tempel, Schloß und Theater wider. In Europa wird der Stadtgrundriß seit dem Abebben der
Moderne als Bürge und Zeuge der Historie wieder ge-
achtet und gelegentlich durch architektonische Zeichen zu Bewußtsein gebracht. Zum Symbol eignet sich
der Stadtgrundriß nicht. → *Bahnhof Papestraße S. 45,
172/173, 232*   G.Z.

Bahnhof Papestraße
Berlin, 1999
Das backsteinerne Parkhaus wird von
der stromlinienförmigen Glashalle des
Bahnhofs durchkreuzt. Der stadtfunk-
tionelle Wechsel vom Auto zur Bahn
zeigt sich städtebaulich klar als archi-
tektonische Stadtfigur.

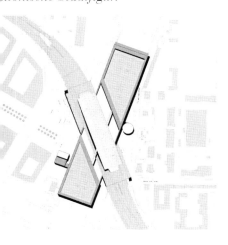

83

Substanz, alte – Der Begriff Substanz bezeichnet das Wesen, den Kern einer Sache und im Philosophischen allgemein das Ding. Die Suche nach der Substanz des Seins beschäftigt die Philosophie von ihrem Anfang an, ohne daß sie dabei zu einem Abschluß gekommen wäre. Umgekehrt ist das Staunen, daß überhaupt etwas ist – eine Substanz evidenterweise vorliegt – und befragt werden kann, das Wesen der Philosophie. In dieser Hinsicht beschreibt der Begriff die Dauerhaftigkeit und das Beständige in der Erscheinung der Dinge. Der philosophische Gegenbegriff zur Substanz ist die Akzidenz, die Zutat, die im Unterschied zu jener das Flüchtige und Ephemere meint, den geringeren Wert. Im Architektonischen bezeichnet vor allem der Begriff „alte Substanz" den Respekt, das Staunen über die Haltbarkeit und Ehrwürdigkeit der Bauten der Alten und wie sie uns überkommen sind. Sie sind unserer Sorgfalt und Pflege überantwortet, weil sie durch ihre Eigenart, überdauert zu haben, den Prozeß der Geschichte sinnfällig werden lassen. → *Landeszentralbank Düsseldorf S. 86, 173, 209*   G.Z.

suggestiv – Von allen Medien, die uns zu fassen versuchen, hat die Baukunst allein die Möglichkeit, von allen Seiten auf alle Sinne zu wirken und diese Wirkung nachhaltig über einen langen Zeitraum andauern zu lassen. Bauten erweisen sich als Energiegeneratoren, die mit ihren Kraftströmen Stimmung ad hoc zu konditionieren vermögen und längerfristig eine Modifikation des gesamten physischen Apparates bewirken. Eine Kraft, die suggestiv alles einer subtilen Veränderung unterzieht, was in ihr Umfeld gelangt. Daß solches Potential weder in den Eigendefinitionen des Mediums Baukunst vorkommt, noch als umfassendes physikalisches Phänomen eine wissenschaftliche Erforschung wert ist, erinnert an den Beginn psychoanalytischer Entdeckung am Anfang des vergangenen Jahrhunderts. → *Gelbes Herz S. 174, 184*   L.O.

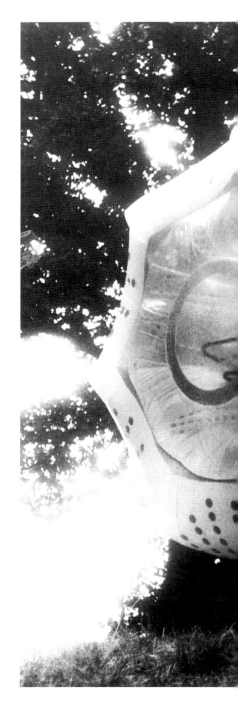

Gelbes Herz, Wien, 1968
(Haus-Rucker-Co)
Über eine Schleuse aus drei mit Luft
gefüllten Ringen gelangte man in den
kugelförmigen Liegeraum. Durch Luft-
kammern, die sich rhythmisch ausdeh-
nen und zusammenziehen, entstand „pul-
sierender" Raum. Der Kopf des Mannes
an der Schleuse war vom ‚Flyhead' um-
hüllt: einem kleinstmöglichen Kopf-Raum,
der optisch und akustisch eine erweiterte
Wahrnehmung ermöglichen sollte.

U m b a u – bedeutet Veränderung. Man baut um, weil etwas, das Bestand ist, der Transformation bedarf. Insofern ist Umbau ein Baukastenspiel im Steinbruch der Geschichte, bei dem sichtbar bleiben kann, was war, bei dem die Substanz manchmal aber auch so überformt wird, daß Alt und Neu eine symbiotische Allianz eingehen. Dann läßt sich das eine vom andern nicht subtrahieren. Umbau hat es immer gegeben, in jeder historischen Zeit: Der Schnitt zwischen Geschichte und Gegenwart drückt sich im Umbau aus. So wird toter Substanz Lebendigkeit injiziert. → *Landeszentralbank Düsseldorf S. 173, 209*   L.W.B.

U n s c h ä r f e – hat einen negativen Beigeschmack. Wenn etwas unscharf ist, dann scheint es nicht eindeutig. Eindeutigkeit ist es aber, die unser Leben und unseren Blick auf die Welt vermeintlich einfacher machen. Es bedarf der Wahrnehmungs- und Gedankenarbeit, die Vielschichtigkeit, das Sinnpotential im Unscharfen zu erkennen. Dabei steckt gerade in der Unschärfe eine spezifische Kraft: Sie entrückt einen definierten Gegenstand in unbekannte Dimensionen, sie weist auf ein Potential von Wandlungsfähigkeit, von vielschichtigen, einander überlagernden Bedeutungen hin. Unschärfe erzählt eine komplexe Geschichte. Ihre Botschaft kann sich aber durchaus auf eine Grammatik der Geometrie berufen, einen Wortschatz des Faktischen. Erst durch den Filter der Unschärfe verwandelt sich selbst das Bekannte, Vertraute und erscheint plötzlich ver-rückt, manchmal sogar wunderbar. Unschärfe verheißt Abenteuer. Unschärfe ist nur ein anderer Name für die Vieldeutigkeit der Welt. → *Kunsthalle am August Macke Platz S. 34, 116/117, 196* → *Hafengebäude Rotterdam S. 128/129*   L.W.B.

Landeszentralbank Düsseldorf, 1994
Als optische Fortsetzung der vorhandenen Eingangshalle wurde der Innenhof mit einer Rahmenkonstruktion aus Metall gefaßt. Zusammen mit der großflächigen Skulpturen-Installation von Tony Cragg ergänzt diese räumliche Erweiterung das Bestehende und macht es zugleich autonom.

Unternehmenskultur – ist mehr als die Summe, die unter dem Strich herauskommt, wenn man das herkömmliche Leistungspotential eines Betriebes addiert. Sie ist das Resultat einer Eigenpositionierung, die wiederum aus einem weitsichtigen Kulturbegriff resultiert. Er drückt sich im Längs- wie im Querschnitt durch alle Ebenen hindurch aus. Unternehmenskultur ist der immaterielle Mehrwert, der mitgeliefert wird und den potentiellen Interessenten motiviert. Wer sich für ein Unternehmen mit „Kultur" entscheidet, der wird selbst durch eine Art kulturellen Widerschein aus der Masse der Abnehmer herausgehoben. Er präsentiert sich in einem besonderen Licht. → *Druckerei der Österreichischen Nationalbank S. 212* → *Bene Büromöbel S. 73, 118, 201*   L.W.B.

Druckerei der Österreichischen
Nationalbank, Wien, 1991
Den unterschiedlichen Aufgaben entspre-
chend teilt sich das Gebäude in einen
aufgestelzten Bürotrakt und das breit
liegende Druckereigebäude. Zusammen
schaffen sie auch eine freiräumliche
Qualität, die dem Stellenwert dieser
Institution entspricht.

Landeszentralbank
Potsdam, 1997
Der Stirnseite des kompakten Gebäude
blocks ist als Entree eine über die ge-
samte Höhe des Baus reichende gläsern
Schicht angefügt. Was in dieser Vitrine
an funktionellen Objekten arrangiert is
erweist sich bei aller Reichlichkeit nur
als Hinweis auf das Nicht-Zugängliche
im Inneren.

verbergen – Das Verb verbergen bezeichnet die bewußte Tätigkeit, Figur, Ding, Gegenstand oder Form den Blicken zu entziehen. Dem Objekt wird eine Maske übergezogen. Im Wort enthalten ist die alte mythische Bedeutung der Berge und ihrer Höhlen; unweigerlich ruft es den Thesaurus, die Schatzhöhle wach – funkelnd und gleißend im auratischen Schimmer des Goldes. →
Landeszentralbank Potsdam S. 32, 126, 210 → *Turm Neuss*
S. 44, 113, 193   G.Z.

v e r d i c h t e n – zählt zu den „Codes" unserer heutigen Gesellschaft. Je wirksamer etwas sein soll, desto dichter ist es auch. Das betrifft verbale Botschaften, visuelle Signale, aber genauso lebendige Phänomene. Dichte entsteht dann, wenn die atomaren Bestandteile eines Sachverhaltes, eines Vorganges zur kompakten Packung implodieren. Am anschaulichsten, geradezu physisch erfahrbar, stellt sich Dichte in der Großstadt dar. Ohne Dichte keine Urbanität. Das gilt vor allem für Gebäude. Urbanität hat dicht verbaute Stadt mit einem dichten Angebot vielfältigster Funktionen und Nutzungsmöglichkeiten zur Voraussetzung. Solche Dichte wirkt wie ein Magnet. Wo viel ist, will immer mehr hin. Dichte verdichtet sich selbst. → *Theater- und Kulturzentrum S. 111, 127, 131, 134, 176, 223*   L.W.B.

Schiffbau
Theater- und Kulturzentrum
des Schauspielhauses Zürich
Zürich, 1996
Hinter einer Fassade aus weißen Betonlisenen mit goldeloxierten Metallrahmungen sind Werkstätten, Probebühnen, Büros und, als oberster Ring, Reihenwohnhäuser komprimiert.

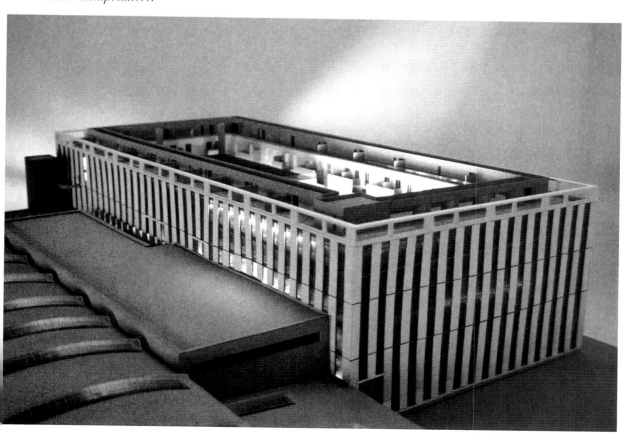

Verfügbarkeit – ist die substantielle Veränderung, auf der die heutige Beschaffenheit der Welt basiert. Alles ist verfügbar. Und jederzeit. Unter dem Vorzeichen der Verfügbarkeit hat sich die Welt aus ihrer früheren Verfaßtheit „befreit", sie besteht nicht mehr aus materiellen und immateriellen Fakten, sie erscheint als abstraktes Datenfeld. Nicht die Welt selbst ist verfügbar. Verfügbar sind nur ihre Daten. Es ist nicht das gleiche, ob ich Zugriff auf die Daten der Aktien irgendeines Weltkonzerns habe – oder auf die Aktien selbst. Es ist nicht das gleiche, ob ich Zugriff auf die Daten (Fett- und Kohlehydratwerte, Kalorien etc.) eines Laibes Brot habe – oder auf den Laib Brot selbst. Macht ist verfügbar. Geld ist verfügbar. Wir sind verfügbar. Aber die Wirklichkeit in all ihrer Komplexität ist es nicht.
L.W.B.

Vernunft – Die Vernunft ist als Orientierung allen Handelns ebenso unverzichtbar wie sie begrifflich ungreifbar bleibt. In ihrem Namen wurde in der Geschichte soviel Unvernunft angerichtet, daß sie gelegentlich als gaukelnde Illusion erscheint, die ihr logisches Gegenteil, das Phantasma, zum Unterkleid trägt. Allemal ist Vernunft ein hohes Paradox: etwas Unvernünftiges zu tun, ist oft das dringende Gebot der Vernunft – in der Architektur die Achtung der Sinne, der Sinnlichkeit, der Ästhetik und andererseits die Mißachtung der schnellen Kommerzialität. Allgemein ist es unvernünftig, die Vernunft, wie geläufig, im Gegensatz zu den Sinnen zu sehen – die höchste Vernunft steckt oft in ihnen, wenn sie vergehen.
G.Z.

verschleiern – In der Baukunst das Verweben von Konturen und Flächen eines Bauwerkes mit dem Hintergrund. Körper verlieren dabei visuell ihre Masse, zergehen zu Flächen, deren Umrißlinien zu fließen scheinen. Die Gotik löste bei ihren Türmen die Kanten der aufragenden Teile in steinerne Knospenreihen auf, der Himmel wurde mitverstrickt. Tarnnetze mit ihrem

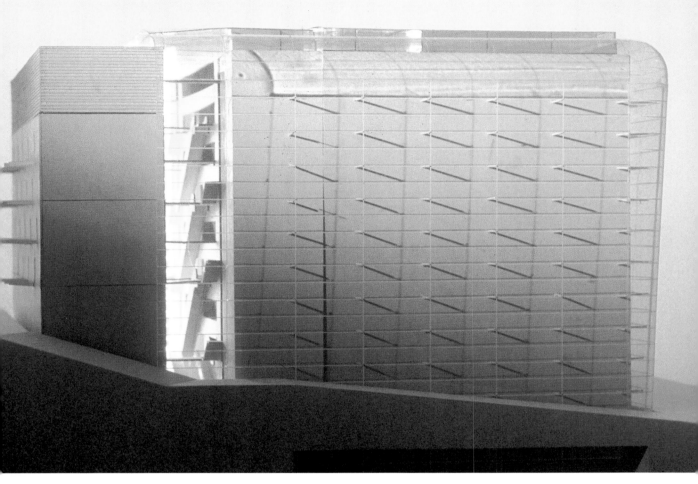

Museum Moderner Kunst
Museumsquartier Wien, 1993
Die Glashülle, die das Museum umgeben
sollte, hatte zum einen die Aufgabe die
unterschiedlichen Teile des Baukörpers
zu vereinen und als Ganzes erscheinen
zu lassen. Zum anderen aber sollte diese
Glashülle mit ihren sich verändernden
Reflexionen und Durchblicken eine visu-
elle Unfaßlichkeit herstellen, die jedes
Einschätzen der wirklichen Dimensionen
verhindert.

kleinteiligen Besatz von Stoffschnipseln und Farbflecken als kantenauflösender Anstrich verschleiern mit dem Ziel, unsichtbar zu machen. Als bevorzugter Baustoff der bestehenden demokratischen Gesellschaftsordnung zeigt das Glas aufs feinste, wie es als Material klar und maßhaltig ist, in seiner Wirkung aber einen Schleier von wechselnder Reflexion und Durchsichtigkeit erzeugt. → *Museum Moderner Kunst S. 77, 155, 177, 204* → *Theater- und Kulturzentrum S. 89, 111, 127, 131, 134, 176, 223*

L.O.

x - b e l i e b i g – Das Grundproblem jeder gestalterischen Entscheidung: Woher die Kriterien nehmen? Sie aus vorhandenem Kontext herausschälen oder besser autonom festlegen?

Aber anders als bei den freien Künsten kann die Baukunst sich nicht auf selbstgewählte Spielregeln einlassen. Die Forderung der Machbarkeit schließt hier nicht nur technische und ökonomische Rücksichtnahme mit ein, sondern in hohem Maße auch gesellschaftliche. Vernunft ist die Maxime der Baukunst. Alle genialische Beliebigkeit mystifiziert nur: sie tut, als ob es neben der Vernunft eine dunkle Kraft gäbe, die mächtiger wäre.   L.O.

2

PRIMER
OF ARCHITECTURE

a b s o r b i n g – Extracting all the qualities present in our surroundings. The only sense in absorbing these nutritious substances is that we can bring something to flower. → *Centre of District Brüser Berg p 12, 141, 159, 163, 198*   L.O.

a d d i n g – means replacing something that was lacking. Behind this lies the desire to forget a loss or more accurately to make it seem as if it had never occurred. To add or supplement means in the individual case a decision which cannot be generalised. Something supplementary can be an invisible insertion or a visible addition, a radical slice through time. There exist supplementary additions that are deeply rooted in the common memory and those free from such associations. To add means making an intervention in a building which, comparable to a healing process, leads to real, but also to imaginary completion. → *Kunsthalle on August Macke Platz p 34, 116/117, 196*   L.W.B.

a l t e r a t i o n s – are not infrequently viewed as a sign of weakness. The idea is still inscribed in our heads that alterations are basically made when something has to be improved and something that has to be improved cannot have been good (enough) initially. Nowadays alterations are forced by external, one could almost say banal, circumstances such as fluctuating budgets, new definitions of the brief, the disappearance of the client into the anonymity of a group or by public opinion. Alterations that take place as a result of such influences are often presented as easy compromises which allow one to assume lack of determination and inadequate perseverance on the part of the person who carries out these alterations. But this is essentially the question: the process of achieving consensus on a broad basis is deeply rooted in our contemporary understanding of democracy. Above all in the case of public buildings such consensus is a necessary and justifiable precondition. It is where social responsibility ends that the responsibility of the architect begins. → *Museumsquartier p 13, 59, 67, 97, 122, 146/147, 203*   L.W.B.

useumsquartier Wien
ienna, 1993, 1998
llowing reductions in content and
e re-dimensioning of the buildings the
werful dialogue originally envisaged
tween the buildings of the Museum
uarter and the historical inner city
nducted above the ridge of Fischer
n Erlach's building no longer made
nse. The aim was then to focus all
forts on producing, in built terms,
e greatest possible amount of energy
ithin the Quarter itself.

S.L.U.B. Saxon Federal Library,
State and University Library
Dresden, 1996
Two large cubes of equal size facing eac
other represent the visible part of the
library which consists largely of three
underground storeys. Horizontal band
of Thuringian travertine made up of
vertical strips of different widths form
the facade. A flickering shell which con
stantly changes according to the diffe-
ring intensity of daylight.

a n i m a r e – Something must occur between the initial design stage and the finished building that resem-
bles a kiss of life. The finished construction should be
more than a thorough realisation of plans and more
than a collection of well worked out details.

When we jump from planning stage to reality we must
include liveliness, in order to create a substantial object. A form of definite conditioning should be brought
about, so that all our senses can respond. This would
theoretically be possible to a greater degree than in
other media. All forms of verbal explanation and translation could become superfluous. No metaphors, no
historical data that have to be fished out, no what if.
Buildings of this kind have an atmospheric density and
the surroundings become ionised, as in great storms.
The constructed body of material releases subtle
currents of energy which can be felt without being
particularly sensitive to them. Buildings of this kind
radiate. → *S.L.U.B. p 14, 19, 22, 98, 142/143, 167, 224*

L.O.

approach – The issue is not whether the architect regards himself as an artist and does his utmost to playfully provide evidence of this fact. Approach is a basic theme of architecture. As a public art with a long-term effect and great influence, even in the private sphere, it bears responsibility for the individual and the public. Therefore it must demonstrate generosity in the starting points for a solution and rationality in its formulations. The theoretical aspirations must harmonise with the physical durability. → *Pariser Platz p 99, 225*   L.O.

Pariser Platz, Berlin, 1996
The restrained design of the building is,
not least of all, part of an agreement
reached in city politics: to calmly estab-
lish a new shared convention.

Balloon for Two, Vienna, 1967
(Haus-Rucker-Co)
A transparent shell of plastic, in part covered with shiny foil, was pushed out the window of an old Vienna apartment building using a projecting arm made of steel tubing. By filling it with air the shell became a 3.5 m balloon. A man and a woman sat inside the balloon on the steel tube construction.

a r c h i t e c t u r e ,   p r o v i s i o n a l – Manifesto by Haus-Rucker-Co from 1975: conventional building's way of thinking in terms of stone and eternity is contrasted with provisional, short-term architecture. Provisional architecture is a temporary intervention liberated from the requirements of permanence. It can assault us visually, can do as if. Everything that could be used to irritate the viewer in a kind of attack is significant here. In the perception this kind of transformation burns with a fascinating illumination. This principle cannot be applied to buildings intended to be long-term fixed urban points. → *Balloon for Two p 16, 64, 100, 183*

L.O.

a u r a – Something that glows in a way impossible to gauge in a physical manner. Energy produced in this way reaches our nervous system without passing via the brain. This brings about a subtle mood swing which cannot be attributed to any known sources.
The amount of light and air in high rooms can reflect this energy, as can the concentration of compact matter. → *Leopold Museum p 17, 77, 205* → *light p 144*

L.O.

a v a i l a b i l i t y – is the substantial change on which the present state of the world is based. Everything is available. At all times. The world has "liberated" itself from its earlier defined state under the motto of availability, it no longer consists of material and immaterial facts, it appears as an abstract field of data. The world itself is not available. Only its data are available. To have access to data on the shares of some international company is not the same as having access to the shares themselves. To get the data (fat and carbohydrate content, calories etc.) of a loaf of bread is not the same as having the loaf of bread itself. Power is available. Money is available. We are available. But reality in all its complexity is not.

L.W.B.

b a s e – basis, substructure, plinth, solid foundation, a rock in a sea of indeterminates. The term base is as metaphoric as it is essential. It extends from architecture to social theory and back to the language of philosophy. In the area of architecture itself the term has its broadest and most precise meaning. It is associated with the entasis of the column shaft that rises up from a base from which it derives stability and visual proportion. All later meanings of the term come from this primary image. → *Oberbank p 18, 23, 191*   G.Z.

b e t w e e n – The adverb between can denote time and space. In the world of architecture there is nothing that suggests that the taste of the masses is of negative value. On the other hand, we should double-check, even undermine, the traditional elitist, avant-garde idea of architecture with its rigid opposition to mass taste and trends, in order to encourage useful architecture – "under the guise of general opinion." → *Nowea 2004 p 71, 102, 230* → *Hypobank Munich p 28, 217*   G.Z.

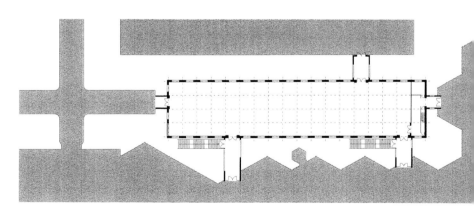

Pavilion I
Nowea 2004 Trade Fair Düsseldor
1999
A supplementary building tightly fitted
between the existing halls intended to
house important aspects of the trade
fair during a period of further expan-
sion. In accordance with its function th
structure has a precise geometric form
and, as is appropriate to its status, the
shell is made of gold anodised panels.

Die Erste Bank, Linz, 1995
Block development in two compact
stacked layers separated from each
other by a glass storey. The corner,
important within the street network,
is marked by a five metre high cube
which has no other function.

b l o c k – The block is a coarse fellow. The background
to the meaning of the term is anything but lovely. At
present, in an urban context, it makes significant promises. The urban entity can be recaptured by the use of
the block, i.e. a unit made up of a number of buildings, which was exploded and rendered unrecognisable by Modernism. The block is a raw element which
must be honed and polished by architecture. → *Die*
Erste Bank p 56, 103, 222
                                                              G.Z.

b l u e – is the colour of the sky. When it plays a role in architecture, which is very seldom, then it is a very special one. Blue is artificial. Blue is cold. Blue is immaterial. It is the colouristic contradiction to the earthbound nature of buildings. Blue submerges one into shimmering spherical layers which seem to have been raised off the ground. It is this quality which Yves Klein referred to, the "monochrome blue." And Georges Bataille has distilled literature from it. The plasticity of blue buildings always takes on a singular, wilful and also irritating status in the Western hemisphere. The holiness of the colour blue results from its artificiality. It creates a feeling of insecurity, it leads to other dimensions. → *Europä Design Depot p 20, 60, 104, 136, 214*

L.W.B.

Europä Design Depot
Klagenfurt, 1992
An indigo-blue box hovering 50 centimetres above the ground and open on top. The building itself lies in the form of a hook-shaped, two-storey structure diagonally positioned inside this box.

Nike, Linz, 1977
(Haus-Rucker-Co)
When combined in a reduced form two
important European works of art pro-
duce a third, new work.

b o r r o w – s y s t e m a t i c p i l f e r i n g – Borrowing can be equated with lending. Here we can see that the act of taking implies that we wish to give back that which we have borrowed. The alternative to borrowing is stealing. In architecture, the term is related to the area of exchange and dialogue between architectural works. Denying or looking down upon the borrowing of subjects and forms during the design process would imply a negative view of the historical learning process.
→ *Nike p 21, 105, 190*   G.Z.

b o x e s – are economical containers consisting of a floor, walls and a ceiling. They enclose the maximum spatial volume with a minimum of constructional and material expense. Their external appearance is powerful but generally fundamental, without refinement so that on their surface even such basic terms as "above", "below", "fragile" unintentionally become an ornament. Boxes are stable. They occupy just enough surface area as is necessary to achieve a balanced relationship between length, width and height. They employ the right angle as the most reliable way of handling the meeting of different directions. For these reasons contemporary architecture has rediscovered the qualities of the box. With minimum expenditure it achieves maximum usefulness, the primal strength of its presence attracts attention, it represents solid dependability. In this sense the decorated box is essentially a contradiction. →

Hafentor p 51, 106, 216 → *Ideales Museum p 50, 54/55, 137, 197*

L.W.B.

Hafentor, Düsseldorf, 1993
Despite the casual way they are stacked, the building elements piled up above the long existing port building create a striking figure for this place: the port gateway.

building regulations, creative – The terms building regulation and creativity sound incompatible in Central European society. Fire and safety regulations, rules on distances between buildings and lighting, tests for statics and regulations for reinforcement would appear to hinder architectural or design creativity, rather than encourage these. At the same time, they are necessary, if we pay attention to tales of toppling department stores and burning hotels. There is no ideal method. We only have constant confirmation that regulations follow the developments in construction, materials, forms and technology. Laws and regulations, however, can be changed. We should therefore say that architectural creativity should be developed "within" the regulations and that these should be modified accordingly.

G.Z.

casing – The cover offers protection against dirt, damage, infection or the vagaries of the climate. A thick cover offers protection against both, extreme cold and extreme heat. The thicker the cover the less the danger of injury or damage. In the case of buildings a thick cover of stone, brick or render is an indication of permanence. It satisfies our perception and the feeling of, or in particular the search for, shelter. Whether a thick cover seems heavy or light is not dependent on the material used but rather on the architect's mastery of his art. → *Cover p 24/25, 107, 120, 185* → *Museum of Modern Art p 77, 91, 155, 177, 204* → *Leopold Museum p 17, 77, 205* → *gravity p 133*

G.Z.

Exhibition Cover
Museum Haus Lange
Krefeld, 1971
(Haus-Rucker-Co)
An intact environment inside a preserv-
ing jar was the motif for this exhibition,
which spanned an inflated hall to form
a protective shell over Mies van der
Rohe's Lange House.

Casa Rossa, Berlin, 1985
(Haus-Rucker-Co)
The stone main facade expresses the
business side of this building: the open
balcony structure at the rear reflects
the apartments inside.

c a s u a l – This is a term in the fashion world which denotes a form of light clothing, whereby we can feel well-dressed in a variety of situations, due to the tasteful normality of the clothes we are wearing. We concentrate on the easy wearability of the clothes which makes us feel relaxed as individuals. The word casual suggests a feeling of adhering to the standards of society while at the same time breaking away from these by means of individual differences in taste. → *Casa Rossa p 48, 108, 195* → *Oberbank p 18, 23, 191*   L.O.

Wien Mitte, 1998
The Wien Mitte office and business
centre, ten minutes by foot from the
historical centre of Vienna around
Stephansdom, will create a compact
urban figure.

c i t y   p l a n – The plan of the city is its skeleton, its bones from which it derives structure and stability. Architecture, on the other hand, lends it flesh and skin, it determines the appearance not to mention the reputation of the city. The urban plan describes the location of the squares, housing and commercial districts, the course, length and number of the streets. It reflects the position of the common, monumental and public functions such as town hall, museum, church or cathedral, churchyard, temple, palace, theatre. In Europe since the decline of Modernism the city plan is recognised once again as guarantor and witness of history and we are occasionally made aware of it through the use of architectural symbols. The plan itself is not suitable for use as a symbol. → *Wien Mitte p 29, 72, 109, 138, 162, 208* → *Railway Station Papestrasse p 45, 83, 172/173, 232*   G.Z.

c l a s s i c a l – The term classical could be used to describe everything that cannot be further improved. A condition worth striving for because it represents a relaxed state of security, which is contained within itself. Yet this state is also questionable because to achieve it all contradictions must be eradicated and, with a meaningful conclusion, an end must be declared to all forms of openness. If there exists a force which propels culture onwards then it can only be the force derived from mixing: connecting everything with everything else, accepting breaks and untamed elements, refusing the pure-bred. One can assume that eventually here too, after much experimentation, we can arrive at a form of broad consensus.

This would be a different kind of classical: one that results from the endless variety of heads in which very similar thoughts revolve and which formulate very similar wishes that are satisfied by very similar products.

L.O.

c l a s s i c i s m , s u b v e r s i v e – We can assume that the standards of Western society will improve and will be applied around the world in modified versions. Western society is becoming increasingly unified. The great majority of people lead a fairly uniform lifestyle. If we disqualify the idea of the collapse of this system, we can be seen to be approaching a period of Classicism. We are in the process of modifying speed. In order to counteract the flow of change, we are trying to slow down our lives. Subtlety needs time. The necessary solidity demands ties to a place we have selected ourselves. We train ourselves individually to choose carefully from the overabundance around us.

A culture of slowing down is taking place. In the first instance, the lifespan of the individual is lengthened. There is also a general slowing down of things. The fast pace of diverse developments should be stemmed, slowed down and halted. The present cycle of renewal will be broken, as these hectic attempts failed to produce something permanent which could be built upon. While an u ected form of slowness can be observed in many areas, there is also a reverse strategy: the creation of a reservoir to collect all that has remained durable and that has been tried and tested. This is the accumulation of the everyday over a long period of time, which also includes all subversive moments of change as a potential storehouse of energy. What is being held back opens up the possibility of suddenly letting go. We are therefore more likely to reach a new level with a much greater strength than in all our previous attempts. L.O.

'chiffbau'
heater und Culture Centre
urich, 1996
he ring of two-storey apartments is
evealed from above resting on the
fices and workshops arranged around
theatre courtyard in which perfor-
ances can be held.

client – The client is the one who formulated architectural contents, space and needs in former times. He was the one who commissioned the realisation of these needs, he paid for them and had the last word in any matter concerning them. Today, this has fundamentally changed. Apart from in the case of a single-family home, we rarely encounter a client in persona these days. His former mode of being has long since been replaced by an anonymous complex of complicated groups. On the one hand, this means he has become more or less invisible. On the other hand, he has now acquired a plethora of voices. Both facts have influenced the relationship between client and architect. Today, the establishment of needs, the definition of the commission and particularly of the solution that has been commissioned can disappear, at times completely silently and almost unnoticed from the outside, amidst the chorus of opinions from the diverse commissioning bodies.　　　　　　　　　　　　　　L.W.B.

compact – means dense, solid, fitted together, massive. When referring to the human body it can mean stocky and stout; in a broader sense handy, easily used. In architecture the term acquires a meaning that relates to building materials in as far as it awakens ideas about weight and heaviness and specifies qualities. A concrete mix can be compact and velvety or loose and full of air pockets. In this sense the term also refers to durability. The word compact is almost literally echoed in the term packing together – a number of individual elements densely arranged together such as, for example, bricks or books. → *Theater and Culture Centre p 89, 111, 127, 131, 134, 176, 223*　　　　　　　　　　　　　　G.Z.

completely arbitrary – The basic problem of every design decision: from where should one derive the criteria? Should one extract them from the existing context or is it better to determine them autonomously? In contrast to the liberal arts architecture cannot resort to self-devised rules. The demands of feasibility not only include taking into account technical and economic considerations but, to a considerable degree, social reasonableness is also a precept of architecture. All forms of brilliant arbitrariness merely mystify, suggesting that, in addition to reason, there exists a dark, more powerful force. → *Photonikzentrum p 33. 112. 220*   L.O.

Photonikzentrum
Berlin-Adlershof, 1998
The tiled cubes are functional eleme
Without employing an imposed inte
pretation they relate to the laborat
character of the spaces in the inter

*ower, Neuss, 1985
 Haus-Rucker-Co)
tapering cylinder of gold anodised
etal is inscribed in an simple block
ade of wooden logs: outside simple,
side splendid.*

c o n c e a l i n g – The verb to conceal describes the deliberate activity of removing a figure, thing, object or form from view. A mask is fitted over the object. The word in German (verbergen) contains the mythical associations of the mountain (Berg) and its caves, inevitably it suggests the thesaurus, the treasure in the cave sparkling and glittering in the auratic gleam of gold.

→ *Tower Neuss p 44, 113, 193*   G.Z.

Exhibition Ortner & Ortner
Linz, 1994
Models of the most important projec
all to the same scale, formed the cor
the exhibition. Free from any aesthe
cal coating size became recognisable
the major element of the art of arch
tecture.

c o n c e p t u a l – Attempting to find a solution without following our own preferences. A manner of going about things which, by arranging logical conclusions one after the other, arrives at a result that leaves our established old ways far behind. Unshakeable belief in the power of an idea which ideally has come from nowhere and directly addresses the problem. → *Exhibition O & O p 57, 114, 218* → *Exhibition Haus-Rucker-Co p 35, 121, 158, 213* → *Nike p 21, 105, 190* → *Ideales Museum p 50, 54/55, 137, 197*   L.O.

c o n d e n s i n g – is numbered among the "codes" of present day society. The more effective something is intended to be, the more dense it is. This applies to verbal messages, visual signals but also to living phenomena. Density first develops when the atomic elements of a state of affairs or of a process implode to form a compact package. Density is most clearly seen and can be physically experienced in the large city. Without density there is no urbanity, this applies above all to buildings. A precondition of urbanity is a dense supply of highly varied functions and possibilities of use. Such density works like a magnet: where much already exists more will inevitably follow. Density intensifies its own density.   L.W.B.

c o n s e n s u s – context, agreement were previously the unspoken preconditions for all building activity in the city. Consensus regulated both individual preferences and qualities. The individual, as the client, adapted to his environment without the need for regulations imposed by the authorities. The architect measured the effect of his building, details, colour and ornament not only according to the investment funds available but, quite naturally, on the existing neighbourhood. To attract too much attention or stand out too much was regarded with disapproval; on the other hand protection and cover were sought by achieving harmony with others. This consensus began to crumble with the start

of cultural modernism. In the course of the 20th century, consensus has collapsed in all Central European countries. For a long time it was seen as the bugbear of individual freedom. Therefore in the term consensus a melancholy tone of a lost Utopia still echoes.

Today consensus must be sought through (design) regulations applied by the authorities. They leave a flat after-taste without, on that account being false or losing anything of the constructional or architectural quality.   G.Z.

c o n s e r v a t i o n – Significantly, monument conservation began with the awakening of architecture to the age of individualism. At the start of the 19th century Karl Friedrich Schinkel was both one of the first proponents of the free-standing building, which expressed the wishes of an architectural and artistic individual, and also the founder of monument conservation. His definition that conservation of monuments should be directed by a "feeling for what is worthy" in the object and must oppose the "imagined, momentary advantage" achieved through removing or clearing away "many fine works" has never been bettered. Here speaks an architect who produced his own characteristic namely unbelievably new works only in constant confrontation with the witnesses of the past. But we also recognise the sober sceptic when Schinkel is of the opinion that "people and nations pass away" but their cultural strength rises again in the monuments of art and the sciences, without the spoils of the past an era is strange, naked, bare.

Respect for the documents in which history is made manifest and a new design from one's own time are not contradictions but necessary, complementary elements. But care is needed. The selection to be made, always based on reflective criteria, remains decisive. Preserving everything means preserving nothing, means stopping the movement of history.   G.Z.

c o n s t r u c t i o n   l i n e – The construction line is used for the geometrically and optically correct construction of elements and figures in space. It is an element of central perspective which, according to cultural and philosophical legend, was discovered during the Renaissance. It allows the realistic depiction of an object both as regards the relationship of its individual parts to each other and its position in physical space (vanishing, rising edges). When depicted on a two-dimensional surface objects constructed with the aid of construction lines produce the illusion of three dimensions. They gain a depth which, de facto, they cannot have. This effect can be used in built architecture can be and described as an ornament of geometric logic.
→ *Kunsthalle on August Macke Platz p 34, 116/117, 196* →
Casa Rossa p 48, 108, 195 → *Maxx Hotel p 68/69, 153, 211*
→ *pergola p 116*   G.Z.

unsthalle on August Macke Platz
onn, 1985
Iaus-Rucker-Co)
he significance of this building for the
·blic is first established by the open
ill structure which faces towards the
·eet lending the entrance area a
·ecific dignity.

c o n t r o l l e d – The professional mastery of the inner fire. The energy controlled in this way reveals itself as both harmonious and calm.   L.O.

c o n v e r s i o n – means change. One converts something that exists because a transformation is necessary. In this sense a conversion is a game with building blocks played in the quarry of history in which the original substance can remain visible but in which this substance is sometimes so transformed that new and old combine in a symbiotic alliance. In such a case one cannot be removed from the other. Conversions have been carried out in every historical era. The interface between history and the present is expressed in a conversion. In this way dead substance is injected with life.
→ *Landeszentralbank Düsseldorf p 86, 173, 209*   L.W.B.

Bene Büromöbel
Waidhofen/Ybbs, 1988
The north-facing entrance facade of the office block and the 316 metre long street front of the production building are a southern red colour. Warmth and princely grandezza in the foothills of the Alps.

corporate culture – is rather more than what results when one adds together the production potential of a business. It is the product of a specific positioning which, in turn, results from a far-sighted cultural understanding. It is expressed in both the long and cross section, through all levels. Entrepreneurial culture is the immaterial extra value which is additionally supplied and motivates those potentially interested. Whoever opts for a company with "culture" is himself elevated by means of a kind of cultural reflection above the mass of consumers and presents himself in a special light.

→ *Bene Büromöbel* p 73, 118, 201 → *Printing Office of the Austrian National Bank* p 87, 212   L.W.B.

corridors – are regarded as a necessity not a virtue. We need them as routes within a building but we move along them only in order to arrive somewhere else, the main business. In this sense corridors are transitory spaces. They are spaces where one does not remain and from which one demands an individual qualitative value only under certain circumstances. Long corridors are seen as monotonous and unimaginative and evaluated as the expression of a circulation concept not fully mastered. Yet a corridor can contain tension as the actual content of the building depends on it. Thus the corridor acquires the function of a spine. It holds the parts together and interlocks them while at the same time directing our path and our gaze. We want to see what is about to come. Then one happily allows oneself to succumb to the pull of a corridor.
→ *Temporary Exhibition Building* p 47, 119, 124, 192 → *Information Centre Wattenmeer* p 58, 233 → *Ideales Museum* p 50, 54/55, 137, 197   L.W.B.

...emporary Exhibition Building
...orum Design, Linz, 1980
...Iaus-Rucker-Co)
...he individual pavilions of this tempor-
...y exhibition building were arranged
...ternally along an elevated promenade
...om which one could obtain an initial
...erview of the exhibition and then,
...ing down the stairs, take a closer look.

c o v e r – The term is glittering and multifaceted. It evokes the idea of a shell, of skin and of surface. It essentially means being protected from dirt, damage and fertilisation. There is no purely architectural term for this, although it can partially be found in the areas of meaning implied by facade and roofs of houses. Its many meanings can become dangerous. If applied to the shells of Buckminster Fuller, it can additionally be understood as a helpless compensation for irreversible damage to nature, an attempt to make light of what we have ourselves brought about. It also has the somewhat strange meaning of protecting something, where dreams of paradise can grow and flourish. → *Cover*

p 24/25, 107, 120, 185   G.Z.

Exhibition Cover
Museum Haus Lange
Krefeld, 1977
(Haus-Rucker-Co)
For the duration of the exhibition Mies
van der Rohe's Haus Lange was en-
closed by a heart-shaped inflated hall.
Beneath this shell the garden began to
sprout in winter. The building itself los
all proportion in the constantly even,
pale light.

c r o s s i n g – The recipe for cultural development includes surpassing limits, crossing over all that has come before and creating links between everything. American democracy has returned this concept to Europe. We have learnt the lesson of replacing the worn idea of the elitist avant-garde with a superbly natural feeling of being in the midst of everything. → *Exhibition Haus-Rucker-Co p 35, 121, 158, 213*   L.O.

D a c h s t e i n – is one of those mountain ranges which cannot be erased from the memory. From the Gosausee at the northern foot of the mountain the massif reveals a group of rocky peaks which project in a loose formation out of a gently sloping area of glacier. The entire configuration of the parts in relation to each other has something of the quality of the final stages of a chess game when the few remaining figures control each other with a sovereign coolness. On clear days when the sun is high in the sky it causes the glacier to glitter producing flashing shreds of rays that move the rock shapes in soft waves. This composition has dimensions that are impossible to estimate and appears so powerful that it seems as if part of the Himalayas had been moved to the Alps. Privately, Dachstein has become a code word for a secret look at a naive world which shelters itself. In Orson Welles' film "Citizen Kane" this word is "rosebud". → *mole p 150*   L.O.

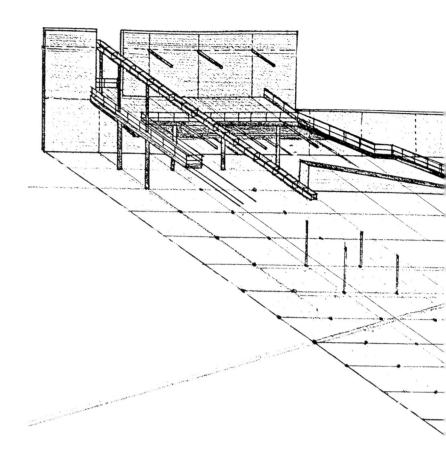

d e a l – In contrast to the other arts architecture must make a pact with society. Its visible form is the consensus between client, building authorities and architect in the shape of the building plans. Written confirmation of this consensus is preceded in each project by intensive negotiations and agreements. In important projects this takes the form of direct confrontation with the public articulated in the media, through citizens' groups, political parties and politicians. The result of all these agreements between both sides is a deal between the clients with their architect and the group of citizens affected by the building, it is this deal which makes the erection of the building possible.

To believe that in Western democracies this form of deal can be replaced by instructions from above would be to disregard the basically cleansing power of this process. Whoever declares that good architecture is dependent on the absolute power of a benevolent potentate or on some other guarantee of complete artistic freedom understands nothing of the real task of this medium, which is, on the basis of dialogue with contemporary society, to capture in built terms an image that should function as a signpost to the future.

→ *Museumsquartier* p 13, 59, 67, 97, 122, 146/147, 203 → *Leseturm* p 63, 207   L.O.

Museumsquartier Wien Vienna, 1990
The museum facilities originally envisaged here could have produced a stimulating new city behind Fischer von Erlach's building which would have engaged the historic substance in a subtile dialogue conducted across the large open space lying between. Piece by piece this concept was exchanged for a consensus which finally arrived at a state of political and social feasibility.

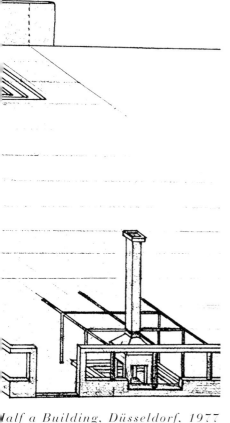

Half a Building, Düsseldorf, 1977
(Haus-Rucker-Co)
To split up the building in both its
existence as form and idea, to examine
its usable elements and to attempt dif-
ferent ways of piecing them together
were central themes of the seventies for
Haus-Rucker-Co. Wherever deconstruct-
ivism attempted to settle itself ideolog-
ically, this theme was the basis.

d e c o n s t r u c t i o n – The term deconstruction refers to an architectural method of design. If used in a hermeneutic sense, in order to find one's way, it becomes a retrospective means of understanding the task at hand. This can happen, both in an ideal, as well as in a practical sense. Deconstruction entails dividing the task into individual parts of the design: function, need, type of construction, appearance and aesthetics. In this way many, if not all, aspects of the intentions and material content of the task can be taken into consideration. We can therefore concentrate on certain aspects and consciously set apart parts of the task at hand. Therefore, the areas where it seems useful to continue traditional practices, or those where we wish to create something new or different, are made clear within the continuum of the design process. → *Half a Building p 30, 122/123, 188*
G.Z.

d e m o c r a t i c – is a code word for our society. To be successful with a democratic method requires a capacity for dialogue and inevitably aims at a potential majority appeal. In democratic processes the power of the public cuts a path free for itself. In this sense, they represent a kind of counterpart to the individual, subjective creative processes of the past. This means that the traditional image of the artist is on the point of disappearing. The wilful creative process, which achieves validity against or without the interest of the public at large, has lost its shine. Democracy is society is market. It might be cynical, but one could quote Gertrude Stein: a rose is a rose is a rose.
L.W.B.

details, apart from – Detail, the particular,
"literally a part of the whole," is a term rather like the
eye of an insect, composed of different facets. It leads
to all areas of observation, even those of crime investigation, for example. It describes the ability of the
detective to reconstruct a crime by looking at the
details. In architecture, a similar process can be observed. A good design is only worth as much as the
details which go to form the construction. There have
been several great architectural ideas that have been
reduced to absurdity due to their detailing. On the
other hand, it is especially true of architecture that
we should not get too involved with detail but should
keep our minds on the project as a whole. Details are
essential, but can always be improved upon. → *Temporary Exhibition Building p 47, 119, 124, 192* → *Landeszentralbank Potsdam p 32, 88, 126, 210*   G.Z.

durable – What is durable and sustainable only gains
importance when contrasted with arbitrary superfluity.
Reducing things to something that is sensible has nothing to do with formal impoverishment nor moral
aloofness. What this does make possible is the creation of a long-term orientation employing a more re-
fined *Sachlichkeit*.   L.O.

eminence – also called the sublime, is considered one of the most important elements in classical aesthetics. According to Kant, it occurs when we observe pure beauty and also describes the heights of joy which can be experienced during this process. We must not ignore this background, even if we have taken a more cynical approach in the 20th century – the sublime feeling of awe experienced by Ernst Jünger as he views the bombing of Paris through a chalice of glittering Bordeaux. The point of view we take and the aesthetic distance vis-à-vis what is happening are necessary for such modes of experience and feeling. They characterise the festive feeling which lends the sublime the atmosphere of a joyful occasion. In architecture the paths towards such beauty are taken more and more rarely. → *Pfalztheater Kaiserslautern p 125, 199*   G.Z.

Pfalztheater Kaiserslautern, 1987
(Haus-Rucker-Co)
The aspiration to architectural dignity,
far removed from any form of pathos,
is here revealed as a lapidary exchange
with the old building fabric and the
steep site.

Landeszentralbank, Potsdam, 199
The gold mesh around the staircase is
no more an independent element than
the façade pattern that looks like shelv-
ing. All parts together are intended to
fulfil only one function: to give this
narrow entrance zone a compressed,
fragrant note.

e s s e n c e – The essence of a building is expressed by the mood it creates. It is something that arises out of the shape of the rooms and the light that we allow to flow or dance, according to its own wishes. It is also something that is created by the "everyday quality of many days" and that comes to rest as a subtle nuance in the finished building. The qualities of the medium of architecture are based upon the fact that it can become effective in all spheres and can gain complete access to the physical and psychological state of the people who use it. → *Landeszentralbank Potsdam p 32, SS. 126, 210 → reducing p 160* L.O.

Europe – In the field of architecture the term Europe has, for about 20 years now, a particular connotation. This meaning is illustrated in the urban and architectural programme of the "European City" and signifies a rediscovery of the city's cultural inheritance. Following the phases of the modern, functional, car-oriented and open city it is seen once again as a stage for society on which, out of the murmuring and humming of the polis, politics, i.e. the public realm, should emerge.

G.Z.

explaining – describes a predicament that results from the architect's uncertainty as to the level of knowledge and awareness he can safely presume. The need to explain has to do with the fact that something is not ad hoc understandable and, to the general public, appears unclear. This lack of clarity has a negative influence on an architectural solution's power of persuasion. On the other hand, the tightrope walk involved in trying to convey complex contents is not a one-way route. To define the problem precisely: there also exists a reverse process by means of which the messages and explanations are addressed by the public to architects.

L.W.B.

'Schiffbau'
Theater and Culture Centre
Zurich, 1996
Section of the photographic depiction
of the caryatids in the Erechteion. Cast
in concrete as a six-metre high relief it
's the most significant element in the
facade of the new courtyard building.

extract – Works of architecture are obliged to filter the characteristics of their immediate surroundings into concentrated extracts and mix them anew. The ingredients for cooking are whatever is locally usable, from historical traces to materials and ways of handling them. Buildings of this kind intensify, in the form of extracts, characteristics of their surroundings already existing as traces or prove to be tools with which these characteristics can be extracted. → *Theater and Culture Centre p 89, 111, 127, 131, 134, 176, 223* → *The Inclined Plane p 37, 160, 187*

L.O.

figure – is not reduced to a line or silhouette that is not further defined. A figure is always three-dimensional even when its volumes are depicted or imagined on a flat surface. Collective wishes, archtypical ideals can be made manifest in the figure of a person or of an object. They awaken memories and unspoken longings, arouse desire, provoke admiration, sometimes also envy. When we consciously register the figure of a person or object we perceive a physical quality but, as a result of certain incalculable qualities, this physicality shifts into another, elevated dimension. Figures of this kind have the effect of a drug. → *MMC p 38, 132/133, 234*   L.W.B.

fuzziness – has a negative connotation. If something is fuzzy then it does not appear clear. It is however clearness which supposedly makes our lives and our view of the world simpler. It requires perception and intellectual effort to recognise the complexity and sensual potential inherent in fuzziness. Whereby fuzziness possesses a specific strength. It shifts a defined object into unfamiliar dimensions, it indicates a potential transformability and complex meanings, placed one upon the other. Fuzziness relates a complex history. Its message can, however, rely upon the grammar of geometry, a vocabulary of the factual. It is through the filter of fuzziness that even the familiar, that which we know, is transformed, appearing suddenly changed, at times even wondrous. Fuzziness promises adventure. Fuzziness is simply another name for the complexity of the world. → *Port Building Rotterdam* → *Museumsquartier p 13, 59, 67, 97, 122, 146/147, 203*   L.W.B.

*Port Building, Rijnhaven/Kop van
Zuid, Rotterdam. Photo 1995
View from a room in the Hotel New York:
a smoky image of our own architectural
reflections and of inaccessible buildings
in deepest Asia – finally within reach.*

glamour (1) – is a beguiling promise like the Hollywood sign above Los Angeles. Glamour is an erotic category which bathes even the most banal, everyday object in a shimmering light. If something is glamorous then it possesses a magnetic power of attraction, it promises a specific quality of experience, becomes an object of desire. Even though it is, de facto, unusual everyone loves glamour. Everybody wants to be glamorous and everyone allows oneself to be seduced by glamour.

L.W.B.

(2) – is the most important ingredient of our contemporary culture. It incorporates the dazzling glow of appearances and superficiality, of the glitzy cocktail dress and of good humour applied like make-up. Trying to analyse their origins and contents is almost impossible, if it is not simply giving ourselves airs and graces. The media resounds with the glamour of smiling faces. It relies on its own glitter. Only the clown is aware of the melancholy of taking off the make-up. → *ARD Studio Buildings p 42/43, 78/79, 219*

G.Z.

glaze, utopian – If they are supposed to belong to a period that is too far in the past or the future for us to recognise, buildings and appliances we are familiar with are coated with an irritating layer of geometric particles. We know this technique from the cinema. A fine glaze can easily transform something familiar into the unrecognisable. The viewer hardly gets the chance to ward off the strange concoction that attempts to create small, but all the more effective disguises, under a diffuse surface. This glazing works so well because it makes us believe in things that do not yet exist. It takes on the role of intermediary and leads on to a new cultural understanding, becoming a method of transforming what we know and treasure, within the perspective of a future period of time. → *Tower on the Kantdreieck p 66, 130, 152, 194*

L.O.

Tower on the Kantdreieck Berlin, 1985 (Haus-Rucker-Co) The building block is composed of four curved areas of facade, glazed in a turquoise colour without any visible relationship to the surroundings. A paddlewheel spindle that winds its surroundings around itself without ascribing the parts any special importance.

*chiffbau'
heater and Culture Centre
urich, 1996
*he new courtyard building is a gold
*ock. Everything that develops there
*the workshops or on stage must
ork with golden thunder.

g o l d – Colour for the city: radiates good humour,
fresh, laughing, self-confident. The urban gold is free
from the unpleasant aspects of a Puritanism of modern
building materials and, despite a multitude of historic
uses, does not allow itself be written off as traditional.
The quality of being able to escape permanently from
chemical influences also gives gold conceptual sover-
eignty: it gleams anew quite naturally. → *Theater and
Culture Centre p 89, 111, 127, 131, 134, 176, 223* → *Tower
Neuss p 44, 113, 193*   L.O.

MMC Mix Media Centre
Vienna, 1999
A revolved element formed by further
rotating elliptical storeys as the struc-
ture extends upwards – when the view
moves the building moves with him in
spiral. The light is constantly fracture
in different ways by the triangulated
surfaces.

g r a c e – Appeal or grace is an ancient, courtly term. It suggests the charm and lightness that we all hunger after. Grace, however, has much in common with elegance; neither can actually be learnt or taught. They are brought about by spontaneous intuition. Grace can be experienced and perceived and is beyond real comprehension.

Therefore, it is one of the rarest of architectural phenomena. The word grace recalls Italian loggias, Palladian palazzi, the Alhambra, as well as Oriental architecture itself; all that is delicate and subtle, the veil of stability that dances its own dance. → *MMC p 38, 132/133, 234* → *Kunstkonsulat Düsseldorf p 15, 215*   G.Z.

g r a v i t y – is the pull exerted by the earth. It forms the basis for all constructive efforts in architecture. The issue is not so much that it must be overcome but rather must be exploited in order to build upwards. One can erect and build up only because there exists, as a natural movement, an opposite direction represented by the collapse. Kleist's anecdote about the keystone: the arch that only remains standing because it wishes to collapse. In this sense gravity characterises a basic law of architecture.

The necessary and indispensable collaboration of two opposing forces is important in this context. The metaphorical significance of gravity is also established on this basis. For example the institutional weight represented by the cathedral, palace, town hall or museum is distributed in the cultural space of the city in order to develop forces that exert an attraction on the citizens, like the pull of the earth. While one separates oneself from them they exert their force, they remain intact by pulling apart from each other. → *Leopold Museum p 17, 77, 205* → *Museum of Modern Art p 77, 91, 155, 177, 204* → *casing p 107*   G.Z.

hearing – To be able to listen to fine sounds requires elaborately constructed spaces, however the visual impression these make is simple as all the expenditure is concealed behind the visible surfaces. Large quantities of weighty mass and the specific texture of the surfaces are the physical preconditions for subtle acoustic perception. The quality of such rooms for listening is based on the complete separation of the outer, load-bearing casing from the spatial shell placed within it: the principle is that of a box within a box, each made of 30 cm thick concrete and separated 5 cm from each other on all sides using a system of two-part buffers so that no acoustic "bridges" are formed. In order to achieve additional mass the floor and ceiling of the inner shell are covered with steel sheets 1 cm thick. Sounds produced here, down to the very softest, can be heard without distortion; whatever the external noise level nothing can penetrate from outside. This space is detached from the ubiquitous technological background hum of our world. → *Theater and Culture Centre p 89, 111, 127, 131, 134, 176, 223*   L.O.

'Schiffbau'
Theater and Culture Centre
Zurich, 1996
More than all the other spaces in the building the rehearsal stages need an expensive second shell in order to meet the specific acoustic requirements.

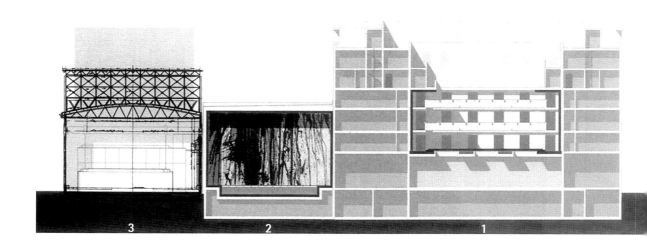

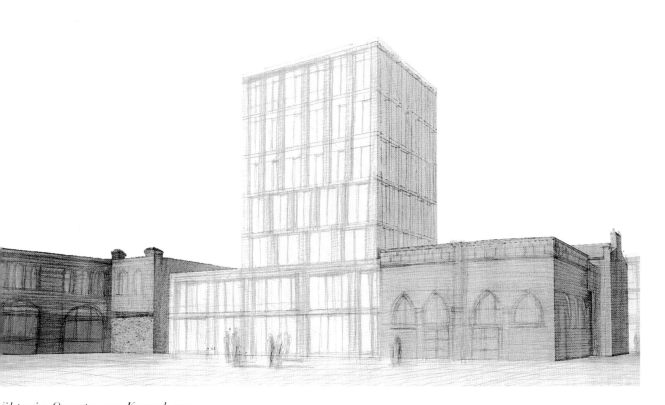

*Viktoria Quarter on Kreuzberg
Berlin, 1998
The new buildings are integrated in
the naturally simple honesty of the
entire complex. Their quality as a new
form does not enter into conflict with
the existing substance.*

h o m e l y – is a facet of conservativeness, of up-rightness. Someone who is homely does not take any risks. Homeliness is moral fraud. Something pretends to be solidly rooted in tradition but conceals the fact that it is founded on only an extremely very narrow part of it. Homely architecture does not irritate, but then again nor does it excite. In this sense it represents everything that is alien to those for whom architecture is an adventure. Perhaps it is true that somewhere the homely also has its attractions. But this tight rope-walk is dangerous. It can only really be entrusted to brilliantly talented architects. → *Viktoria Quarter p 135, 229* L.W.B.

h o m e s p u n – Wittgenstein wanted the final version of his philosophy to have a more "homespun" form. Homespun as used here relates closely to current media strategy: something that cannot be understood by a large number of people has failed to achieve its objectives. For some time now the former "stolid masses" function as a highly flexible, well-informed society of people who make individual decisions while still operating within a broad area of consensus. The homespun aspect can be defined as a new quality, as a personal, independent way of seeing that becomes the social norm. L.O.

Europä Design Depot
Klagenfurt, 1992
An indigo-blue box that hovers
50 centimetres above the ground
and is open on top.

h o v e r i n g – is not a category related to mass or weight. Nor is it a quality that exists a priori, but only in the relative meaning of the word. Nothing really hovers. Hovering presupposes that the ground is not touched. Hovering is, in a certain sense, a preliminary to flying but in contrast to flying it is not an action but rather a state which signals the intensity of long duration and the self-confidence of a mysterious calm towards its surroundings. A hovering building takes off, leaving the normality of everyday life behind. This sensation of something special is created noiselessly for hovering is silent, an intimate, auratic matter, a kind of dialogue with remote galaxies, not really of this world ... → *Europä Design Depot p 20, 60, 104, 136, 214* → *Central Library p 76, 231* → *Oberbank p 18, 23, 121* → *Ideales Museum p 50, 54/55, 137, 197*   L.W.B.

*Ideales Museum
Documenta 8. Kassel. 1987
(Haus-Rucker-Co)
The museum as a container in the sense
intended by the artists. A high rectan-
gular space, grey walls, daylight from
above, one opening to enter through,
one to leave by. The model of this space
was created for Documenta 8. A series
of models of similar museum containers
was arranged together as an exhibit.*

Ideales Museum – is a spatial stage upon which the exhibits make their appearance effectively. No mixing, familiarity or fraternisation takes place: on one side the container which ideally disappears behind the contents, on the other the exhibited object which casts its auratic effect on the projection surface of the exhibition space that, as a result, changes constantly, like a chameleon. They built museums differently in the 19th century. At that time the architectural shell entered into an alliance with the exhibits, environments, not containers, were constructed. Museum building in the 20th century has failed as regards the container question. Fleeing from the strange spoken messages of contemporary museum architecture artists have moved into industrial sheds. → *Ideales Museum* p 50, 54/55, 137, 197

L.W.B.

i d e n t i t y – is, according to Leibniz, that which differentiates all things from each other. Put in another way: every person, every object, every thing can only be identical with itself. In this sense identity is a kind of opposite to sameness. For the architect this means that: the identity of a site is a factor which determines the nature of the buildings planned for it. If, however, the site does not possess a clearly articulated identity, then it is the business of an architect to create an identity with his planning. Identity should however not be equated with individuality. A building with identity radiates naturally its particular quality and thus determines the character of its surroundings. → *Wien Mitte* *p 29, 72, 109, 138, 162, 208* → *Hafentor* *p 51, 106, 216*   L.W.B.

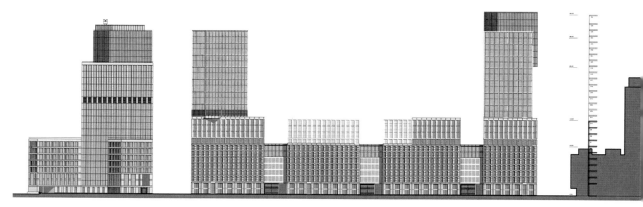

Wien Mitte, 2000
Wien Mitte is a compact new urban element and therefore important as regards the image of the city. In addition to the functions of the buildings it is precisely the appearance of such configurations that stimulates interest in the city.

Mind Expander, Vienna, 1967
(Haus-Rucker-Co)
However distinctive the form of this
appliance may be, the effect is never-
theless intended to focus exclusively on
expanding visual perception.

i m m a t e r i a l – is a quality that plays a specific role in more recent architecture. It does not describe the immateriality generally present in architectural quality, it means the possibility of creating space with a mini-mised use of materials in a way that did not previously exist. This possibility is the result of technological de-velopments. Today spaces can dissolve apparently into nothing in the transparency of a glass facade or in a stretched sheet of foil. Tension, a kind of irritation and a particular quality of experience is inscribed in such spaces, as a result they unbalance the perception of whoever remains inside them. There is so little that offers physical or material support and so much that surges in from outside, apparently unfiltered. In im-material spaces you are thrown back on the intimacy of your own sensual perception. → *Mind Expander p 52, 139, 164, 182*

L.W.B.

i n t e g r i t y – In the field of architecture it is particularly important to be in-corruptible. The principal issue here is not money but the stance which must be taken against incessant demands to cut back. It is precisely those objectives which must be achieved despite the opposition of both the client and the building companies that determine the essential difference between good and mediocre. Regarded during the construction process as unnecessary and invisible this difference subsequently becomes a permanent, sustainable characteristic of architecture. Paradoxically, in such cases preserving one's integrity means departing from the consensus in order to protect the building from the client.   L.O.

l a n g u a g e (1) – The term language describes a system of symbols organised by an internal regulating system which we call grammar. Language and symbols serve the functions of conveying information and communicating. The Utopia of language and speaking is understanding. In an ideal sense the latter is expected, above all, by love. The consummate quality or emerged reality of love is, for this reason, frequently linked with speechlessness, as if this had arrived at the goal of language and of all efforts at speaking.

Apart from the language of words there are other systems of symbols which serve the purpose of communication. Architecture, for example, can be defined as a language without words. Similar to music, in the course of history an "architecture parlante," a speaking architecture, has frequently been presented. Generally such attempts have been quickly revealed as simple chatter which soon proved merely annoying.   G.Z.

(2) – is on an everyday level a vehicle of communication. Whoever speaks communicates (himself) also. There is no language without content. The number of possibilities of transporting such contents is almost endless. One can speak in words and

images, in gestures and ways of behaviour, one can speak in a narrative, descriptive, questioning, commanding or indeed suggestive manner. The fact is: everything speaks by virtue of its very existence. This means that both above and below the level of everyday language there exist completely different language systems. These do not speak about a banal factual reality but talk of meanings extending far beyond this that are, nevertheless, no less real. The tracing, deciphering and interpretation of such messages is the important issue. This is what makes up the richness of the fittings in language's contemporary space.

→ *Centre of District Brüser Berg p 12, 141, 159, 163, 198*

L.W.B.

Centre of District Brüser Berg
Bonn, 1987
(Haus-Rucker-Co)
The buildings gathered here to create a
small urban centre are matched to each
other in terms of function. The dialogue
between them however is derived from
the different scales and built forms
which here encounter one another.

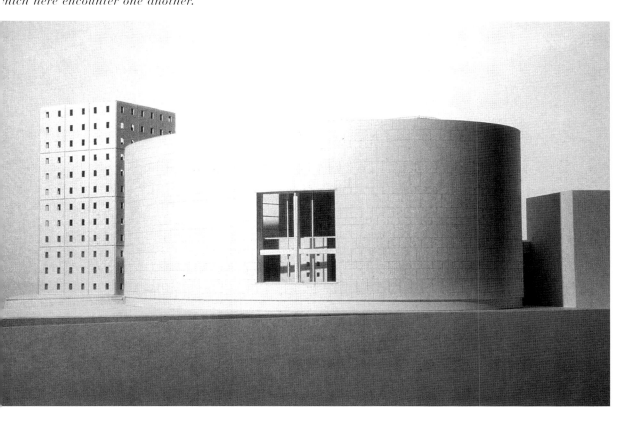

*S.L.U.B. Saxon Federal Library,
State and University Library
Dresden,1996
View of one of the side galleries which
border the central reading room, The
flickering structure of the wall of book
becomes a motif for all the surfaces of
the building: visual vibration.*

l a y e r s – The term layer originates from botany and connotes shoots and seedlings in plant cultivation. It can be translated effectively by the word graft (upon). The metaphorical meaning has now been applied to the historical process in general. It derives from geological layering and evokes a historical process akin to nature. The term has gained a third meaning in the field of computers, where it connotes the layering of windows, images and programmes on the screen. It does, however, still preserve the function of the traditional architectural design methods, whereby transparent sheets are placed above one another, in order to leaf through layers of the design, motifs and recurrent themes. The sheets in computers are, however, hologrammatic. G.Z.

l i b r a r i e s – have much in common with museums. They, too, are giant storehouses. Storehouses in which we store things that are not of material value. In comparison to museums, libraries are, however, closer to being the "conscience of society" in a more literal sense, comprising an enormous number of parallel universes. It is interesting to note that Jorge Luis Borges created an image of the library as a labyrinth. In fact, every library has something labyrinthine about it – in the private library to which we retire to undertake imaginary journeys of the mind; in the public library where the flair of such individual subject matter is replaced by a new kind of universal availability. This means that nowadays even the largest libraries are reduced to the compact size of a chip. All the knowledge that is stored in libraries is available unbelievably simply and quickly. From an architectural perspective, public libraries are seen primarily as storehouses, inaccessible to the public – a type of secret dungeon. This view is, however, incorrect. There are interfaces where the individual access to books as a commodity is expressed in a spatial form. There is also the public appearance of the library building itself, with all its weight and heaviness. → *S.L.U.B. p 14, 19, 22, 98, 142/143, 167, 224*   L.W.B.

light – is the most important building material. There exist spaces so flooded by daylight that they allow one to forget they are contained within a shell. And at night, in artificial light, they transform into light objects which seem to radiate from within. Light sloping across a wall creates a living pattern, if filtered it illuminates a space so evenly that it acquires almost material qualities and one has the impression one must feel one's way through it. It obscures the relationships within the space, its size and height. And it influences the character and atmosphere of a room. Light is the material which has the longest lasting effect on the well-being of the user. Light is like air: essential for life. → *Paul Strand p 144* → *Museumsquartier p 13, 59, 67, 97, 122, 146/147, 203* → *aura p 101*   L.W.B.

Wall Street
photo by Paul Strand, 1915

m a j o r i t y – Democratic society is based on the principle of the ability to arrive at a majority. The more quickly all parties are informed to the same level, the sooner this principle of majority can be applied to the shaping of political will in all other areas of life in society. The free market lives from the constant search for majorities for its products. Industrial production and the resultant affordability are tied to the large number of decisions to buy the same product. The right to lay claim to the advantage offered by a leading position remains, perhaps, reserved for some abstruse science, art has long revised its position towards this genius-crushing engine of majority rule. It extracts the juices of its independence from a subtle explanation of a reality which too can achieve a majority. → *Leseturm p 63, 207* → *public p 155*   L.O.

m a r k e t   o r i e n t e d – is a category which still has an unpleasant, almost negative, aura because it suggests that planning is carried out in response to the criteria of "trivial" needs and economic guidelines and not on the basis of cultural aspirations. This makes it suspicious as our way of thinking about architecture is differently structured. We ascribe far greater importance to cultural and artistic value than to a commission which is a concrete response to a functional need. Mentally we resist the notion that market mechanisms have an innate intelligence against which it is impossible to argue. This is anachronistic, a feudal remnant of a concept dating from earlier epochs. The dynamics of the market has made them irrelevant.   L.W.B.

m e d i a – Today the media are an omnipresent reality. One is seldom made aware that this term has its roots in the Age of Enlightenment. The media are the mediators and means of transferral of news and opinions. The electronic media are today a new power which can scarcely be controlled politically. In this sense of the word the media represent in modern democracies the "fourth power" and the only one which is not subject to any real control. They themselves claim to be the public control. One could undertake here an intellectual experiment: how would we describe a government which exclusively controls itself? This reveals a great deal about the significance of the media.   G.Z.

m e d i a t o r – Democratic society has difficulties in dealing with large-scale public building projects which go beyond the mere fulfilment of urgent requirements. In order to communicate the wider significance of such a project and to handle it in the media on a broader level a position is required which can achieve agreement between political intent and public opinion. A mediator accepted by both sides would be in a position, not only to introduce the contents to the public through professional channels, but also to protect the project as a whole. Ministers and those in positions of political responsibility come and go according to the terms of office in a democracy, the mediator can remain until the end of the project. → *Museumsquartier* *p 13, 59, 67, 97, 122, 146/147, 203*   L.O.

useumsquartier Wien
enna, 1995
er the ten-year-long development of
Museum-Quarter project it is clear
ut the architect was finally the only
e to hold his ground as the sole sup-
rter of the original concept in terms
both content and architecture. It was
who finally found a way through all
political and social difficulties to
lise the project.

m e m o r y – is an important aspect of architecture. As it is more complex than other media it can generally include and preserve different experiences and temporal changes in its mass. Cultural buildings must use this storage capacity programmatically. Such buildings should have the form of lapidary blocks: calm, large-scale with an exquisite simplicity, building blocks that can be preserved for a longer period and, in case of doubt, can contribute to establishing meaning and orientation. This architecture should lack almost entirely an identifiable expression that might make it possible to categorise or ascribe it to a special period. Consensus will whittle buildings of this kind into the right form. The basic form is reduced to reasonable feasibility, the contexts are self-evident, the obligation to budget ensures simplicity.

What has accumulated here as built mass seems calm and permanent. This image is one aspect of the task of such buildings, which is to supply permanence and generosity for a longer period. → *Musicon Bremen p 81, 221* → *Museum of Modern Art p 77, 91, 155, 177, 204* → *Leopold Museum p 17, 77, 205*   L.O.

m i n i m a l (1) – Reducing something to the exquisite. A visible reduction in times of overabundance. It can be used in the long term as a formal starting-point in finding solutions.   L.O.

(2) – The smallest amount of material and energy for the largest possible exterior of a building. Therefore, the irritation of technology within a natural architectural principle. Buckminster Fuller defined this minimisation of resources in the most succinct manner, without considering aesthetic effects; it thus became the model for ecological households. What is not taken into account in these elementary calculations is human striving for something greater. An abstract and luxurious minimalism in art and fashion meets this need more effectively. → *Workstation p 74/75, 149, 228* → *Balloon for Two p 16, 64, 100, 183*   L.O.

orkstation, Klagenfurt, 1998
e simplicity of the external apper-
ce is essentially a result of the inten-
arrangement. A roofed atrium allows
e external openings to be reduced to
ninimum.

m o d e r n – The adjective modern always indicates the present when referring to the passage from the past into the future. It confronts ancient and received ideas and can be translated as "contemporary" in philosophical terms. What is important about the adjective is the moral confusion that it arouses in our consciousness. Being anti-modern is considered negative. On the other hand, an offensive use of the anti-modern can quickly become fashionable and therefore once again modern. We usually consider the recent past the most anti-modern period possible and believe that each generation should create a new definition of what it is to be modern. The original sin of movements of originality is that they were canonised as Modernism. Especially in the history of 20th century architecture this movement alleged it had created universal meaning beyond time and space with its own language of forms and architectural grammar.   G.Z.

*Kunsthalle and Events Hall
Museumsquartier Wien
Vienna, 1995
The new Kunsthalle building is inser[t]
directly beside the historical Riding
Hall which will be used to hold event[s]
The new element reaches over to the
historical substance.*

m o l e – A term dating from the Cold War period for agents who wait for action, disguised to appear highly conventional. Being disguised as something we know is a useful strategy for breaking through democratic mechanisms designed to arrive at conclusions, without suffering losses. What was considered sedate and permanent, is now revealed as a potential source of energy, that can be used quite differently. Architecture needs this method in order to apply such potential to important concepts and also to the finished building.
→ *Kunsthalle/Events Hall p 150, 206* → *Dachstein p 121*

L.O.

n o n d e s c r i p t – is perhaps the most complex form of characteristic that exists. Robert Musil erected a monument to it with his book "A Man without Qualities." In architecture it embodies a quality which has to do with contemporary marketing mechanisms and therefore with the fact that even something as permanent as a building must be capable of changing in response to concrete needs. Architecture without qualities is functionally neutral, a phenomenon of the major city. It does not wish to transport meaning or create identity but withdraws into urban anonymity, into the urban background. → *Photonikzentrum p 33, 112, 220*

L.W.B.

o p p o s i t e – The idea of opposites in philosophy refers to a deviation from the traps of received opinion and contains within it a great deal of energy. It lets off steam in revolt, swimming against the current, rather than following the herd. The concept of opposites is therefore an important and essential inheritance of modernism, indicating the poetics of reversibility and therefore also of the tradition of non-linear language, which can be expressed in the form of irony. Architecture, however, cannot be ironical. It must decide whose side it is on, whether it is for the taste of the masses, or against it. → *Oase Nr.7 p 40, 151, 186*   G.Z.

Oase Nr.7
documenta 5, Kassel, 1972
(Haus-Rucker-Co)
The inflated sphere, a visual adversary
of the historic building, is revealed as
the complete equal of the mass of stone.

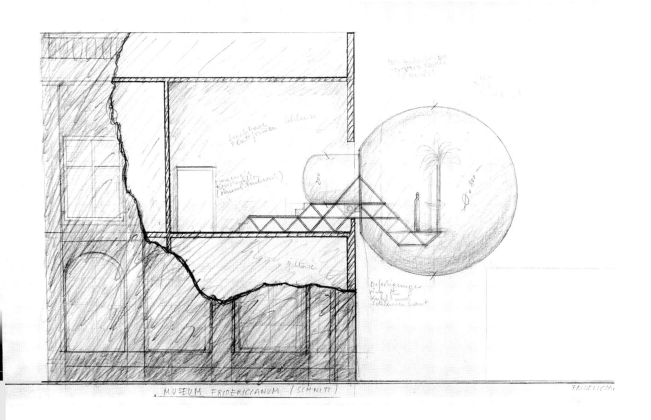

MUSEUM FRIDERICIANUM (SCHNITT)

Tower on the Kantdreieck
Berlin, 1985
(Haus-Rucker-Co)
The building block is composed of four
curved areas of facade, glazed in a
turquoise colour without any visible
relationship to the surroundings.
A paddle-wheel spindle that winds
its surroundings around itself without
ascribing the parts any special im
portance.

o r i e n t a l – Children have always preferred the Orient on account of its puzzling foreignness, the magnificence of the palaces there and the limitless treasures lying hidden everywhere. People from there who now live amongst us have brought nothing with them from these diamond jewel boxes. However, with them a foreignness has returned which is the material most essential for every form of development. Oriental now describes a foreignness next door, something that is rooted here but yet remains distant. → *Tower on the Kantdreieck p 66, 130, 152, 194*   L.O.

p a t i n a – is what we call the green shimmer on copper as it ages. It is little known that a sacrificial cup, used in religious rituals, is also called a patina. When we refer to patina, we usually mean a substance that is today counted amongst the finest of materials. This is symptomatic, as a patina boasts of the privilege of being allowed to grow older. What is decisive, however, is not the ageing process, but the ability to grow more beautiful during it. Modern, plastic materials are without a patina and appear to stand outside the process of growth and decay.   G.Z.

Maxx Hotel, Linz, 1991
The pergola combines the different
parts of the building to form one com-
plete major element. Towards the river
it provides a large, friendly symbol.

p e r g o l a – is what we call a spatial framework that is enveloped by planting. It is a traditional element in garden architecture. It defines space, its character is more conceptual than spatial. Beneath a pergola one is protected from the sun and, to a degree, from the wind but not from rain or cold. The space which a pergola creates has different qualities, it adds supplementary space to the concrete built volume, expanding the built element in an immaterial way. The pergola can also exclude things – perhaps surroundings that are less than remarkable. The effect of a pergola lies in this intermediate area. It is a boundary which claims no real mass but yet can define intermediate zones. It is like a spatial promise, a kind of built dash. → *Maxx Hotel p 68/69, 153, 211* → *Casa Rossa p 48, 108, 195* → *Kunsthalle on August Macke Platz p 34, 116/117, 196* → *construction line p 116* L.W.B

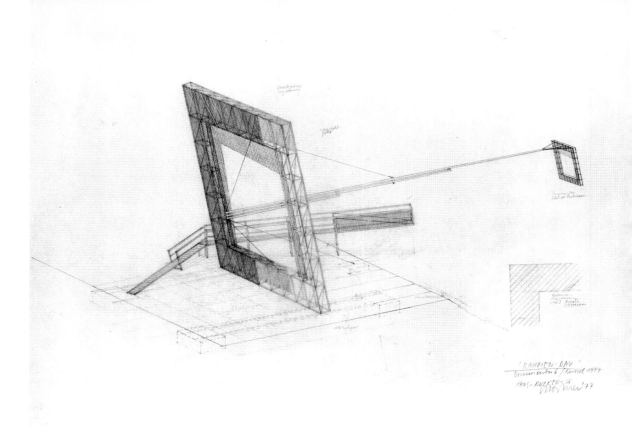

Frame Building
documenta 6, Kassel, 1976
(Haus-Rucker-Co)
The frame made of steel mesh measur-
ing 13 by 13 metres optically outlines
a section of the landscape lying beyon
it. A footbridge, hook-shaped in plan,
leads past this frame to a projecting
pole on the end of which a smaller
version of the frame hangs – focussing
the view by redefining it.

p h o t o g r a p h y – The Frame Building reverses a principle of photography. In architectural terms it creates an apparatus by means of which the desired image can be cut out of the continuity of reality. Its goal is to inscribe the trace of the (observing) person in reality, its result is a commemorative image.

The difference between photography and an image in the memory has been lost. One portrays reality as a spatial total appearance, whereas the other fragmentarily nullifies reality. The memory selects, photography asserts that it presents an entirety. Photography, Siegfried Kracauer wrote, captures what exists as a spatial (or temporal) continuum, images in the memory preserve it in as far as it means something. The difference is based upon an internal activity on the part of the viewer which adds to the depiction of reality a subjective addendum made up of sensibility, feeling and thought. The image in the memory contains from the very start the trace of humanity which photography has lost in the course of technological refinement. Digital photography is only marginally dependent on reality.
→ *Frame Building p 39, 154, 189*   G.Z.

Museumsquartier Wien
Vienna, 1995
View of the Museum of Modern Art from the Leopold Museum. The main courtyard, which is paved with large stone slabs, is delineated on all sides by cultural buildings. This courtyard measuring 20.000 m² in area is an outdoor ceremonial space for the city, a stage for the urban public with great aspirations.

p u b l i c – The idea of a public is at the heart of the way Central European democracies view themselves. This becomes clear when we refer to the Latin root, the res publica, meaning a public matter or matter for the public. We must also look at the political terminology that goes to define a republic. The term refers to what we all have in common, from access to contents, to all that excludes exclusivity of certain groups or individuals. Nowadays, the term is used generally and, in architecture and urban design, to describe "what is left over" between buildings. On the other hand, it is above all in cities that the public dominates all specific purposes, whether economic, industrial, social or cultural. Society has expressed a common wish for unity in the design of the city, subordinated to the general good. The public is the most important aspect of the city and not a secondary element. → *Museumsquartier p 13, 59, 67, 97, 122, 146/147, 203* → *Museum of Modern Art p 77, 91, 155, 177, 204* → *Leseturm p 63, 207* → *majority p 145* → *res publica p 162*   G.Z.

public-private partnership – The public-private partnership is a contract made between powerful financiers (private) and the elected representatives of society (public) that defines their joint activities whereby one primarily provides the moneys and the other the permission to undertake these activities. Such a contract can be made in the area of the economy (the construction of factories, motorways, bridges or power stations) but also in the area of culture. Frequently a public-private partnership is agreed upon for cultural institutions, the erection of new museums, galleries, musicals. The senselessness of the term public-private partnership as regards terminological logic becomes clear when subjected to expert analysis. The public representatives should represent all the interests of society, to this end they are supplied with funds, i.e. with tax money. Since companies and private persons, employing considerable cleverness, pay less and less taxes public funds are dramatically reduced and the representatives of the state become petitioners. With a certain show of condescension well-to-do financiers make these representatives aware of their willingness, instead of paying taxes, to provide money for public projects which also benefit their own interests. The aspect of partnership lies in the fact that the one earns whereas the other receives something.   G.Z.

quota – is a statistical size. A magic word which describes success or an increase in success. In sport the success quota is naturally an indicator of performance, defeats are expressed in terms of poor quotas. The quota today provides a basis for assessment in many areas, including the area of culture. Those involved in creating culture respond to this development partly by rejecting it, partly with ambivalence. After all, success with the public as a way of measuring value endangers their ultimate artistic freedom. Nevertheless cultural performance has been, for some time now, subject to the quota regulation. The issues are success, demand and recognition.   L.W.B.

r a r e – always implies that we have found something by chance or that things were brought together at random. Rarity has an aura of simplicity. It has not been forced into anything and can therefore present itself in a straight forward manner. Rarity suggests something that has not yet quite been discovered, a restraint that makes us thirst for more.

Rarity is very close to the ordinary (the everyday), separated from it only by a hair's breadth. Anyone could have been capable of bringing it forth out of invisibility. Rarity remains hidden within abundance. → *Kunsthalle/ Events Hall p 150, 206*
L.O.

r e a s o n – as the basis of all our dealings is as indispensable as it is incomprehensible. In the course of history so much that was unreasonable was carried out in the name of reason that, seen by the light of day, it now appears as a flickering illusion. It wears its logical counterpart, phantasm, as an undergarment. There exists a major paradox: to do something unreasonable is, from the viewpoint of reason, often an urgent prime necessity – in architecture this means respecting the senses, sensuality, aesthetics and disregarding rapid commercialism. In general it is unreasonable to pit reason against the senses, the greatest degree of reason often lies in the senses, when they decay. As regards architecture it would be unreasonable to continue fundamental rationalism, in name it may well refer to reason but most of its products illustrate the opposite of this quality.
G.Z.

Exhibition Haus-Rucker-Co
Kunsthalle Wien, Vienna, 1992
Almost everything that Haus-Rucker-Co
had produced in the course of 30 years,
objects, models and drawings, was
gathered together here. Yet nothing was
given special emphasis; each part, no
matter how important it may once have
been, remained stored on the shelves.

r e c a l l i n g – We should distrust those images that come from the memory, both from our own as well as from the collective memory. Each of us has had the simple experience that when the actual subject is viewed once again the remembered impressions are revealed as false, both as a whole and in detail. More serious than its inadequacy in terms of objectively securing a general impression, this backward-facing way of looking at things is, in the long term, unsatisfactory. In fact no new meaning can be derived from it which might help with the decisions to be made daily, The curve representing the speed of social developments, which for centuries has moved almost horizontally, is about to become a steep vertical. → *Exhibition Haus-Rucker-Co p 35, 121, 158, 213*   L.O.

red – is the colour of blood. And blood is warm. There is red earth. Bricks are red. One of the most beautiful piazzas in the world, in Siena, is red. Red represents the opposite to blue in architecture. It appears lively and friendly to us. Red grows out of the ground, it incorporates nature. Red radiates warmth, it conveys safety and comfort, and it can be festive. The redness of red has many different names: there is a Pompeian red, a Titian red, a Siena red… They have in common the pulsating force of the living. → *Centre of District Brüser Berg p 12, 141, 159, 163, 198* → *Bene Büromöbel p 73, 118, 201* L.W.B.

ntre of District Brüser Berg
onn, 1987
aus-Rucker-Co)
this ensemble of buildings the red
rary establishes the desired Mediter-
nean relationships.

reducing – Literally translated "reduce" means "lead back" and describes the diminution, the process of cooking down in order – as in the world of haute cuisine – to arrive at the essence, the proper taste. It is the head chef himself who decides the amount of reduction as this process is an art in itself and balances on the knife-edge between too much and too little.

In architecture Ludwig Mies van der Rohe's aesthetic of reduction was made famous by the phrase (quoted to death) "less is more." Here too it is the master's signature that counts. The innumerable copies of Miesian architecture attracted (among other things) Robert Venturi's mocking paraphrase "less is a bore" and produced the cultural fashion of postmodernism which, in contrast to the reductionist aesthetic of modernism, succumbed to an aesthetic of enrichment: quotations, references, ornamental forms of all kinds. Since that time the drama of leading back to the beautiful simplicity of forms and building elements has again gained an architectural and ethical value. → *The Inclined Plane p 37, 160, 187* → *essence p 126*   G.Z.

The Inclined Plane
Super Summer, Vienna, 1977
(Haus-Rucker-Co)
A striking subdivision of the long incre sion made by the Wienfluß. The blac side of the inclined plane was turned towards the city whereas the white si pointed away from it.

erman History Museum
erlin, 1988
(Haus-Rucker-Co)
ll those spatial containers in which
aterial on German history is to be
fined are gathered beneath the
ass hall.

r e f i n e r i e s – are industrial complexes where, through the process of distillation, the chemical transformation of certain fractions and cleansing from intermediate products, high-quality products can be won from crude oil. If one abstracts this process from its literal meaning it then becomes a universal formula applicable in many areas. As an example: cultural phenomena are also subject to such chemistry through the process of refining. Here too substances that are largely free from cloudy matter are distilled from "impure" materials. To this extent cultural and industrial refineries are comparable. → *German History Museum p 70, 161, 200* → *Cover p 24/25, 107, 120, 185* → *Temporary Exhibition Building p 47, 119, 124, 192*   L.W.B.

r e l a t i o n s h i p – Being connected to something. Architecture is based on the most complex network of interconnections. The quality of architecture can be measured according to the number of interwoven references (which should be as many as possible) and which finally re-emerge as a generously scaled mesh in an apparently simple building.   L.O.

Res publica – Building is a public activity. If one erects a building, even if it is only a small house for oneself, one intrudes into common space. Therefore in addition to one's own interests the interests of many others are also affected. Legal permission for the erection of a building is based on the consensus of all those entitled by law to have a say in the matter. However, for building projects which, on account of their importance attract public interest from all sides, there is no regulation which orders the divergent intentions in a system acceptable to all. The important public matter can easily decline into a kind of media pub brawl in which the principle of who is the stronger, rather than logical argument, prevails. → *Wien Mitte p 29, 72, 109, 138, 162, 208* → *Museumsquartier p 13, 59, 67, 97, 122, 146/147, 203* → *Leseturm p 63, 207* → *public p 155*   L.O.

Wien Mitte, 2000
Wien Mitte, a new centre opposite t
inner historic core around Stephans
dom, is an architectural ensemble u
the particular task of forming an urb
figure which unmistakeably also shap
the silhouette of the city.

*Centre of District Brüser Berg
Bonn, 1987
(Haus-Rucker-Co)
The buildings gathered here to create a
small urban centre are matched to each
other in terms of function. The dialogue
between them however is derived from
the different scales and built forms
which here encounter one another.*

s c a l e – is the metre stick, the means of checking standard values. Scale describes the relationship between objects in terms of size. The standardisation of the units of measurement is an achievement in the history of civilisation that can scarcely be regarded too highly. The exploration of the earth, the discovery of the continents, cartography are all dependent upon the metre stick. In architecture scale has a constructional and aesthetic double role. Scale is an aid in putting a building together in technical and physical terms. It thus provides information about the pleasant, upsetting or disturbing effect of the appearance. In forming ensembles the appropriate scale can also be derived from the group that is to be created and thus help to distinguish the ensemble, by means of balancing or harmonising, from the diversity and unfocussed quality of its surroundings. → *Centre of District Brüser Berg p 12, 141, 159, 163, 198*

L.O.

seeing, with narrowed eyes – The eyelids are tightened to form a narrow slit. The muscles pulled together in this strange manner make the eyelids quiver, strips of shadow continually pass over the narrow area where we can see. Our ability to differentiate is reduced to light and shadowy areas that flow into one another in their ragged double contours. While all the details and characteristics of materials become nebulous, the impression of the whole becomes clearer. We can therefore double-check proportions and the effect of large parts upon one another. In this manner we can arrive at the essence of things.

Gothic art made use of this method of blurring contours, in order to make elements meant for other senses apart from the visual more accessible. → *Mind Expander p 52, 139, 164, 182*
L.O.

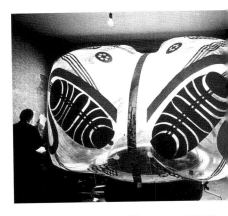

Mind Expander, Vienna, 1967 (Haus-Rucker-Co)
The inflated shell curving above the heads of two people sitting close together is stuck with symbols made of reflective foil. The symbols on the inner and outer layer are overlaid in way that makes it difficult to see them clearly. This provokes an automatic attempt to focus constantly forcing one to screw up one's eyes.

self-evident – is a quality that makes ways of behaving or objects "light," apparently weightless. Something that is self-evident does not call on you, does not demand that you think especially about it, or register it in a particular way, give it a name or interpret it. You automatically know all you need to know about something that is self-evident. This makes it easier to deal with and therefore pleasant without the necessity of being expressly aware of the fact. After all, no-one wishes to be constantly called upon to decipher peculiarities. Architecture and buildings can also be self-evident. They fit into the fabric of the city or a landscape as if they had always been part of it, almost as if they had "grown" naturally. Without having to reflect long you know how they function and can find your way around in them. Self-evident is not the same as simple, it has to do with a collective body of knowledge, something that is self-evident is understood by everybody.
→ *Theresienhöhe p 165, 227 S 56, 98, 134* → *ARD Studio Buildings p 42/43, 78/79, 219* → *Pariser Platz p 99, 225*
L.W.B.

Theresienhöhe, Munich, 1998
As a result of the serial facade structure
which they have common, these urban
villas become independent elements.
The modified standardisation creates
a self-evident generosity.

serial – is what we call a sequence of the same or similar elements and their additive arrangement, one after the other. The remarkable thing is that the principle of repetition does not lead to shallowness, lack of excitement or boredom. In fact the opposite is the case: it is precisely the repetition of similar familiar elements which results not merely in a quantitative but also a qualitative plus. The series is convincing, it conveys strength and speed, it lies on a virtual plane without a beginning or an end. It forces its way, apparently wilfully, then to break off again without intent, almost casually. In our minds we automatically continue the series, it suggestively compels us to do this. In the series each new element confirms all the preceding elements. In this way the effect of the individual link in the chain is multiplied a number of times. The series takes off. → *Ideales Museum p 50, 54/55, 137, 197*   L.W.B.

shaping by public – Public interest shapes the city. Traffic makes this clear: it is a great stream of unified interests, its regulation creates important changes in urban structure. The structure of post-war German cities was greatly influenced by taking the creation of fluid connections into consideration. Society creates cities according to the rules of the free market in an even more all-encompassing, if more subtle, manner. The architect's academic idea of his own worth makes him disinclined to acknowledge that it is this market that finally decides upon location, size and appearance of buildings.   L.O.

S.L.U.B. Saxon Federal Library,
State and University Library
Dresden, 1996
View of the 40 x 40 metre reading room.
It extends twelve metres below ground.
The roof light is flush with the lawn in
the park above. The walls of books con-
tinued as a flickering pattern across the
walls, floor and furnishings determine
the quality of this interior.

s h i m m e r i n g – is a restless movement, whereby objects become blurred and hard to make out. In addition to the older, geological definition, meaning the shimmer of glowing materials or crystals (and therefore creating the additional connotation – "all that glitters is not gold"), we now have an electrical/electronic one. Screens shimmer, if they do not have enough power when we turn them on. The eye becomes tired watching them. In architecture, ornaments blur the image of the shell of the building, hiding it under a crust of surface detail. If we narrow our eyelids, the building shimmers accordingly and arouses our longing to cross a "bridge to yesterday" when ornaments could be understood. → *S.L.U.B. p 14, 19, 22, 98, 142/143, 167, 224*

G.Z.

sight lines – define a field of vision. There exists an enormous panorama which we do not, however, take in its entirety. A visual aid ensures that only a certain section enters our consciousness, as if framed. The surrounding area is excluded. This exclusion and the reduction of the surface area perceived is compensated for by the new quality of that section of the image outlined. Established sight lines move something into view which one had not consciously seen, at least not in this exclusive, independent state. They produce pictures in the narrow sense of the word. Something that is real is transformed and given the unreal quality of a depiction. → *Bene Tavola p 168, 202* → *Frame Building p 39, 154, 189* → *Casa Rossa p 48, 108, 195* L.W.B.

Bene Tavola, Waidhofen/Ybbs, 1989 On the occasion of the 200th anniversary of the founding of the Bene office furniture company a table c. 220 metres long creating a three-sided frame around the office wing offered room for 2500 guests to celebrate. Two bridges led over the row of tables to connect the enclosed inner area with the outside allowing an exchange of the various culinary delights.

simple – as a rule has something of a touch of poverty about it. The truth is that this perspective is superficial. One is never poor by choice, poverty is a fate to be endured. Simplicity is, in contrast, a conscious strategy, a behavioural pattern adopted by choice. This is also true of architecture. Simplicity is not a quality like cheapness or expensiveness, it is a category characterising the extent of the architectonic measures employed. When a building, a space is simple then an architect has been economic with his/her possibilities for expression, he/she has reduced them, has employed them with discipline. A noble gesture lies behind this voluntary abstinence, and simplicity is therefore considered to be of cultural importance. A building that is simple rests within itself. In a sense it stands on foundations of an immaterial, a third kind. A simple building itself withdraws, to the advantage of its vital contents. → *Workstation p 74/75, 149, 228*   L.W.B.

skin – is a special substance. It is the outermost protection against an environment that is always potentially dangerous. It holds the skeleton, organs, veins and tissue together, it covers them. There are also other skins apparently never directly filled with life. They can be of metal, cardboard, plastic or simply rags. In the slums of the great metropolis life in its most intense form pulsates under such skins. They can also be of glass, metal, fabric and man-made material, moving the ambivalence of a civil discrimination into view, neither employing the eternal nor the representational attitudes of more common architectural coverings but still fulfilling their protective function. A remnant of insecurity is preserved in such skins. They appear fragile and vulnerable. Their substantial content, that which happens underneath, remains untouched by this, it even passes into a new perceptual context. Things are seen differently under the skin. → *Temporary Exibition Building p 47, 119, 124, 192* → *Tower on the Kantdreieck p 66, 130, 152, 194*   L.W.B.

society, open – "The Open Society and its Enemies" (Karl Popper, 1945) is the title of a central text of recent social philosophy. In it Popper opposes the tradition of authoritarian thinking, as codified from the time of Heraclitus and Plato by way of Hegel and Marx up to the era of Fascism and Stalinism, which took effect by establishing power formations in society and politics. Sir Popper's social and ethical goal is to secure and preserve the freedom of the individual. His most important argument is that against what he calls historicism, the belief in a form of reason that develops of its own accord in the course of history. The basic supposition of a "historical necessity", "a natural "law" of historical development, is according to him, superstition. History for Popper does not produce meaning from within itself but only as a result of the daily influence and way of acting of the individual.

Popper's warning about the "methods of planning in a grand style" is of importance for architects as this approach contains the seeds of the totalitarian "Führer principle." Finally his sentence: "Science is always built on quicksand" is worth keeping in mind. G.Z.

Wagner & Loos, Vienna, 1997
Two high-rise buildings facing each other across Gaudenzdorfergürtel near Otto Wagner's Stadtbahn bridge. The urban dialogue that develops between the two buildings is continued by the two 'speaking' eight metre high silhouette figures above the top storey. Wagner (on the right) explains, while Loos (on the left) listens.

speaking – is decisive in the process of developing architecture. Through talking programmes are formulated and discussed, outline conditions defined and, ultimately, the architect's design explained and supported with arguments. Building permits are finally gained through talking, builders and workers are directed and motivated by talking to them and users are convinced in the same way. The architect must (listen and) talk, that is must be able to engage in dialogue. If he/she does not possess this ability he/she is doomed to failure. On the other hand: a building that needs words in order to communicate its particular qualities has not achieved its goal. → *Gaudenzdorfer Gürtel p 82/83, 171, 226*   L.W.B

s p l e n d i d – Size, simple physical size, is one of the basic materials of architecture. Nothing works more directly on the observer, nothing so clearly illustrates the will which goes beyond individual strivings. That merely being large is not enough and can even be overcome by much smaller things is a lesson drawn from Christian culture. This refining of physical size delivers, as a final consequence, a conceptual generosity, an elixir that can help the much smaller become large. Combining such a conception with a great mass is the real sense of architecture. → *Railway Station Papestrasse p 45, 83, 172/173, 232*   L.O.

s u b s t a n c e ,   o l d – The term substance describes the nature, the core of the matter and, in philosophy in general, the thing itself. The search for the substance of being has occupied philosophy from the very start although it has not arrived at a conclusion. On the other hand the amazement that something exists at all – that a substance is evidently present and can be questioned – represents the essence of philosophy. In this respect the term describes the permanence and durability in the appearance of things. The philosophically opposite concept to substance is the accidental, that ingredient which, in contrast, describes what is temporary and ephemeral and has a lesser value. In the area of architecture it is above all the term "old substance" which defines our respect and wonder regarding the permanence and venerable quality of buildings from the ancients and the way in which they have been handed down to us. They are entrusted to our care and solicitude because, by virtue of the way in which they have survived, they make the process of history perceptible. → *Landeszentralbank Düsseldorf p 86, 173, 209*   G.Z.

Railway Station Papestrasse Berlin, 1999
The brick multi-storey car park is crossed by the stream-lined glass hall o the railway station. The urban functio nal transfer from motor car to train is presented in clear urban terms as an architectural figure in the city.

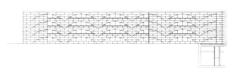

Landeszentralbank Düsseldorf, 1991
The Landeszentralbank building in Düsseldorf, the so-called Black Box, is one of the finest in the city. It was planned in 1964 by Friedrich Wilhelm Kraemer but, as a result of a number o insertions made necessary by changes in business, had lost something of its initial clarity. The removal of these growths and a new arrangement of the necessary groups of spaces were impor- tant elements in the restructuring of the building.

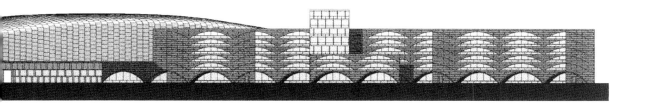

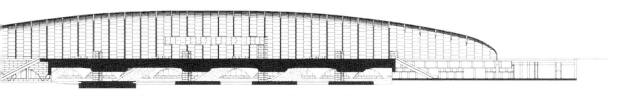

*Yellow Heart, Vienna, 1968
(Haus-Rucker-Co)
The first presentation of the Yellow
Heart took place in 1968 in the exca-
vated site for the police headquarters
on the Ringstrasse in Vienna: the seed
of a new architecture in the four-storey
deep negative of a gigantic administra-
tive colossus.*

suggestive – Of all the media that attempt to grasp us, it is only architecture that has the possibility of affecting all our senses from all sides and of sustaining this effect for a longer period. Buildings are revealed as energy generators which employ their currents of force to condition ad hoc and, in the longer term, to effect a modification of the entire physical apparatus. A force that suggestively subjects everything entering its surroundings to a subtle alteration. The fact that this potential is not found in architecture's definitions of itself as a medium nor is, as a comprehensive physical phenomenon, regarded as worthy of scientific research is reminiscent of the first psycho-analytical discoveries at the beginning of the last century. → *Yellow Heart p 84/85, 174, 184*   L.O.

urban putty – Putty, as an amorphous mass with which gaps can be homogeneously closed, has a particular importance for the city. This urban putty is a building substance with a non-specific form, it connects existing elements without displaying its own qualities. This suppression of its own nature creates as a balance an elegant naturalness. The compactly experienced culture of a city is primarily dependent upon the quality of this substance and only to a limited degree on the individual manifestations of a major intent.   L.O.

veiling – in architecture means meshing the contours and surfaces of a building with the background. As a result elements visually lose their solidity and are reduced to surfaces with contours that appear to flow. In Gothic towers the edges of the upwardly projecting parts were dissolved into rows of stone buds, the sky was interwoven. Camouflage nets, covered with small pieces of cloth and patches of colour that provide a coating which dissolves edges, veil in order to make something invisible. Glass, the favoured building material of the existing democratic social order, shows in an exemplary way how, as a material, it is clear and measured but in fact makes its effect by creating a veil of alternating reflection and transparency. → *Theater and Culture Centre p 89, 111, 127, 131, 134, 176, 223* → *Museum of Modern Art p 77, 91, 155, 177, 204*   L.O

'Schiffbau'
Theater and Culture Centre
Zurich, 1996
Behind a facade of white concrete strips with gold anodised metal frames workshops, rehearsal stages, offices and, at the top, a ring of terraced houses are compressed.

useum of Modern Art
useumsquartier Wien
enna, 1995
ew from the entrance into the hall, a
rculation space that divides the entire
uilding. If one crosses the entrance
ea to the transverse parapet at the
ntre of the space it becomes clear
at the volume of the hall above one's
ad is matched by a volume, approxi-
ately the same size, below: a hollow,
? metres high, extending through the
tire building.

v o i d – is in contemporary architecture regarded as a luxury as wherever there is a void usable floor area has, generally, been sacrificed. The void is ultimately the result of waste of space. It exists where spatial generosity is a theme and where a specific function requires articulated generosity.

But here are also voids (in German literally "air space") of a different kind and they are external, a kind of outdoor room that has a floor and walls and the sky above. In such a space the surroundings that might disturb the clarity are excluded. Nowhere else one can perceive more intensely the blue of the sky. → *Museumsquartier p 13, 59, 67, 97, 122, 146/147, 203* → *Europä Design Depot p 20, 60, 104, 136, 214* → *ARD Studio Buildings p 42/43, 78/79, 219*   L.W.B.

w a l l s   o f   b o o k s – Books provide marvellous ways of covering walls. They can be arranged one besides the other in order to form a tight pattern of horizontal bands, creating walls of book shelves. Books are stacked against each other, forming multicoloured stripes towards the outside and compact layers of blocks on the inside. The pages of each book repeat the principle of the walls of book shelves: letters are arranged in horizontal bands which form the shimmering pattern of a page. Just as the walls of books create a whole, made up of shimmering stimuli demanding our entire attention, so this shimmering also continues deep into the books themselves. A layer, about 30 cm deep, vibrates with the energy contained within. There is shelf upon shelf of generators releasing diverse currents of energy, as soon as a block no longer needs to function as storage space.

Spaces made up of such walls can remain forever. There will be no better material, not even one that can thoroughly absorb future demands. The future has already been stored here. These areas will shimmer infinitely, as if new. → *S.L.U.B. p 14, 19, 22, 98, 142/143, 167, 224*   L.O.

Die Auswahl der Projekte erfolgte nicht zuletzt unter dem Gesichtspunkt ihres Beitrags zu einem Vokabular, das unabhängig von den Beispielen allgemeine Gültigkeit beansprucht. Die Werke von Haus-Rucker-Co und Ortner & Ortner, die dabei betrachtet wurden, sind jene Stücke eines Œuvres, die dafür besonders geeignet schienen. Viele andere wurden dieser entmystifizierenden Kur nicht unterzogen – in der eigenen Erinnerung schimmern sie vielleicht deshalb goldener.

L.O.

An important factor in selecting the projects was the contribution they make to a vocabulary which, independent of the examples themselves, aspires to a general validity. The works by Haus-Rucker-Co and Ortner & Ortner examined in this context are those parts of an œuvre which seem particularly suited to this purpose. Many others were not subjected to this demystifying process – perhaps for that very reason they shimmer more golden in the memory.

L.O.

DIE AUSGEWÄHLTEN WERKE

THE SELECTED WORKS

Verzeichnis der ausgewählten Werke

List of the Selected Works

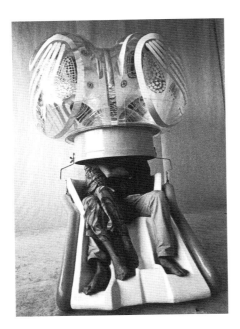

1 Mind Expander
Wien, Vienna, 1967
(Haus-Rucker-Co)

Die Sitzschale fixiert zwei Personen in einer bestimmten Position. Über die Köpfe der Sitzenden läßt sich ein helmartiger Ballon kippen. Die Köpfe befinden sich dann in einem engen kreisrunden Raum, der von einer flachen glasklaren Kunststoffkuppel bedeckt ist, über der sich ein durchsichtiger Ballon wölbt. Auf der Kuppel und an der Hülle des Ballons sind eine Reihe von Linien und gestanzten Flächen aus silbrig reflektierenden Farbfolien einander so zugeordnet, daß diese Elemente beim Hinaufblicken vor- und zurückspringen, durch Überlagern neue Muster bilden, je nachdem, ob man die vordere oder die hintere Ebene zu fixieren versucht.

The shell of the seat fixes two people in a certain position. A helmet-like balloon can be tilted over the heads of those seated. The heads are then in a tight circular space covered by a flat, glass-clear plastic dome above which a transparent balloon curves. On the dome and on the surface of the balloon a series of lines and stamped-out surfaces made of silvery, reflective coloured foil are arranged in such a way that when you look up these elements jump forward and back and, as they are overlaid, form new patterns depending upon whether one tries to focus on the front or the rear level.

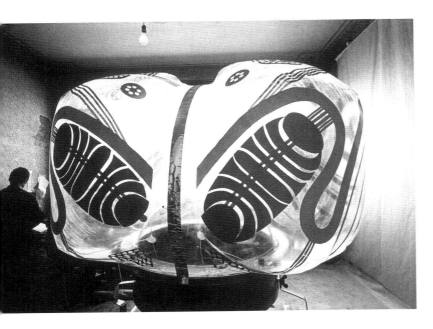

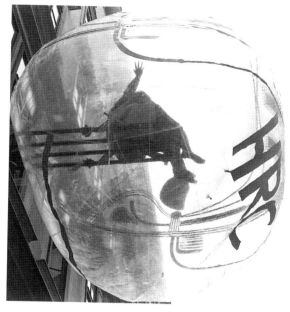

2 *Ballon für Zwei / Balloon for Two*
Wien, Vienna, 1967
(Haus-Rucker-Co)

Eine Haus-Rucker-Co-Aktion, bei der sich aus einem im 1. Stock gelegenen Fenster des Hauses Apollogasse 3, Wien 7, eine große, unförmig zerknitterte Kunststoffhülle schob. Durch die Fensteröffnung hindurch entfaltete sie sich im Straßenraum zu einem kugelförmigen Ballon von ca. 3,5 m Durchmesser. Der Ballon war aus durchsichtiger Folie, an seinen Außenflächen klebten rote, silberne und grüne Flecken und Streifen aus reflektierendem Material, wie es bei Straßenschildern verwendet wird. Die sich rundum überlagernden Muster und die Lichtreflexe auf der glänzenden Hülle ließen erst auf den zweiten Blick erkennen, daß sich im Inneren des Ballons ein Mann und eine Frau befanden.

A Haus-Rucker-Co happening, where a large, formless, crumpled plastic shell was pushed out of a window on the first storey of the building in Apollogasse 3 in Vienna's 7th district. Having passed through the window, it proceeded to open out into a round balloon (c. 3.5 m diameter) on the street. The balloon was made of transparent foil. Red, silver and green patches and stripes of reflective material, as can be found on street signs, were stuck to its exterior. It was not immediately apparent that there was a man and a woman inside due to the patterns covering the balloon and the light reflecting on its shiny exterior.

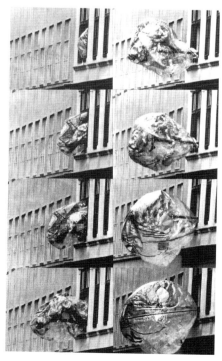

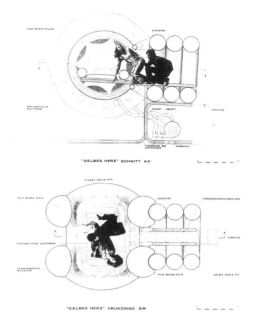

"GELBES HERZ" SCHNITT AA'

"GELBES HERZ" GRUNDRISS BB'

3   Gelbes Herz / Yellow Heart
Wien, Vienna, 1968
(Haus-Rucker-Co)

Durch eine Schleuse aus drei Luftringen gelangte man auf eine durchsichtige Kunststoffliege. Knapp für zwei Personen ausreichend, kragte sie in die Mitte eines kugeligen Raumes, der sich rundum aus weichen Luftkammern zusammensetzte. Lag man hier, so konnte man wahrnehmen, daß die luftgefüllten Kissen, deren Bäuche einen eben noch fast berührten, sich langsam zurückzogen, der umgebende Raum zu wachsen schien, sich schließlich zu einer transluzenten Kugel formten, um dann in weicher Gegenbewegung wieder knapp heranzufließen. Große Punktraster auf den Innen- und Außenseiten der Lufthüllen wandelten sich in rhythmischen Wellen von milchigen Flecken.

Through an air lock made up of three air rings one arrived onto a transparent plastic couch. Just big enough for two people it projected into the centre of a round space built-up of soft air chambers. If one lay here one could perceive how the air-filled cushions, which almost touched one with their swelling sides, gradually withdrew and the surrounding space seemed to grow, and how they finally formed a translucent ball and then began to flow outwards again in a soft counter-movement. A grid of large dots on the inner and outer surfaces of the air shell transformed in rhythmic waves from milky patches to a clear pattern. The space pulsated at intervals.

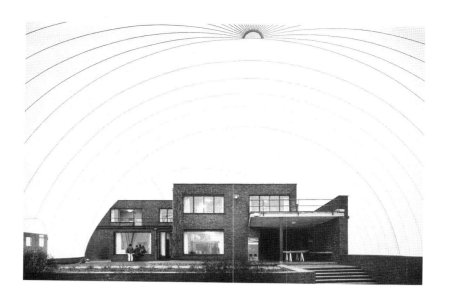

4 Cover
Museum Haus Lange, Krefeld, 1971
(Haus-Rucker-Co)

Die Einzelausstellung von Haus-Rucker-Co im Museum Haus Lange, Krefeld, mit dem Titel „Cover", versuchte eine künstliche Welt darzustellen, die aus der Notwendigkeit entstehen könnte, sich gegen äußere Umwelteinflüße durch eine Hülle zu schützen.

Das Haus Lange, 1921 von Mies van der Rohe als großzügiges Einfamilienhaus gebaut, wurde dafür mit einer Traglufthalle aus weißem, beschichtetem Gewebe überdacht. Der hakenförmigen Anlage des Hauses entsprechend, hatte die Halbbogenhalle mit ihren runden Endstücken einen herzförmigen Grundriß und überdachte auch einen Teil des terrassierten Gartens. Im Inneren bewirkte das gleichmäßig von allen Seiten durch die Hülle gefilterte Licht eine fahle Treibhausatmosphäre, in der sich nicht nur die Pflanzen des Gartens zu verändern begannen, sondern auch das Haus selbst in seinen Proportionen gedrungener und in den Ansichten flacher erschien.

Haus-Rucker-Co's solo exhibition in the Lange House Museum, Krefeld, was called Cover. It attempted to show us an artificial universe which we might need to create, in order to protect ourselves from environmental influences by creating a shell.

On this occasion, the Lange House, a generous family home erected by Mies van der Rohe in 1921, was roofed with an air-supported structure made of white, coated fabric. The semi-circular hall with its rounded ends was heart-shaped in plan, complementing the hook-shaped layout of the house. It also covered a portion of the terraced garden. Inside light, evenly filtered from all sides, created a sultry hothouse atmosphere and began to alter the appearance of both the garden plants and the house itself, making its proportions appear sturdier and the elevations seem flatter.

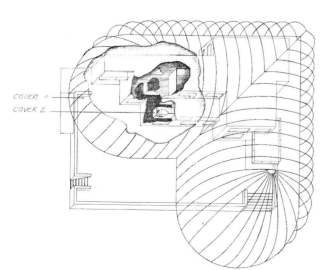

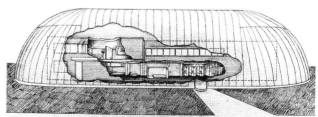

5   Oase Nr. 7
documenta 5, Kassel, 1972
(Haus-Rucker-Co)

An der documenta 5 in Kassel entstand dieser Beitrag: eine durchsichtige Kugel mit 8 m Durchmesser vor der Hauptfassade des Fridericianeums. Vom Innenraum des Gebäudes kragte durch das Fenster ein Steg aus serienmäßiger Stahlrohrkonstruktion, an dem sich, etwas abgesetzt von der Außenfassade, ein Stahlrohrring montiert befand. Nach außen war dieser Ring Träger für die Kugelhülle aus PVC-Folie, die durch ein Tragluftgebläse in Form gebracht wurde; nach innen Anschlußelement für einen kurzen Tunnel aus gleichem Material, der an seinen beiden Stirnseiten mit Reißverschlüssen geschlossen werden konnte und so als Luftschleuse wirkte. Der aus der Fassade kragende Teil der Stahlkonstruktion reichte schräg nach unten ins Zentrum des Kugelraumes. Hier standen zwei Palmen mit Stämmen aus Messingrohr und Blättern aus Kunststoff, dazwischen gespannt eine Hängematte. Die Fußenden der Palmen verdeckten künstliche Farnsträucher, in einem Strauch steckte die rote Zielfahne mit der Zahl 7.

This contribution developed within the context of the Documenta 5 in Cassel: a transparent sphere with a diameter of 8 m in front of the main facade of the Fridericianeum. From the interior of the building a walkway made of standard steel tubing projected through the window. On it, set at some distance from the external facade, a ring made of steel pipe was mounted. Externally this ring carried the PVC foil shell of the sphere which was inflated by an air blower, inside it formed the connecting element for a short tunnel made of the same material which could be closed at both ends with zips thus functioning as an air lock. The part of the steel construction projecting out the window extended at an angle downwards into the centre of the space within the sphere. Here stood two palm trees with plastic leaves and trunks made of brass pipe with a hammock stretched between them. The bases of the palm trees were concealed by artificial bunches of ferns in one of which the red finish flag with the number 7 was placed.

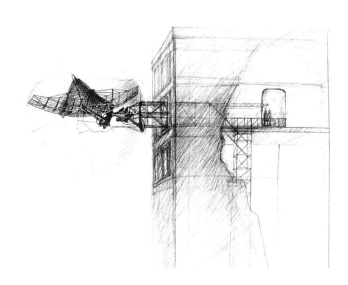

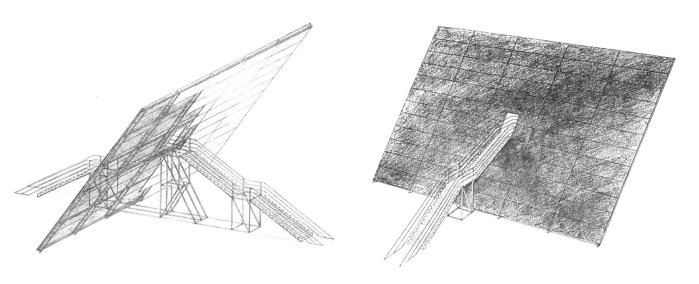

6 Schräge Ebene / The Inclined Plane
Wien, Vienna, 1976
(Haus-Rucker-Co)

Im oberen Teil des Naschmarkts, der frei von den Verkaufs-ständen des Marktes ist, stand die Schräge Ebene. An-grenzend an die Stadtbahnstation Kettenbrückengasse von Otto Wagner und in Nachbarschaft zu seinen beiden Miethäusern an der Linken Wienzeile teilte sie optisch den langen Freiraum in zwei Hälften. Die zur Innenstadt gerichtete Hälfte wurde durch die schwarze Fläche der Ebene begrenzt, die stadtauswärts gerichtete Hälfte durch die weiße Fläche.

The Inclined Plane stood in the upper part of Vienna's Naschmarkt, which is free from market stands. Adjoining the Stadtbahn station Kettenbrückengasse (designed by Otto Wagner and in close proximity to his two apartment houses on the Linke Wienzeile) it separated the long open space into two halves. The half facing towards the inner city was bordered by the black surface of the plane, the half facing out of the city by the white surface.

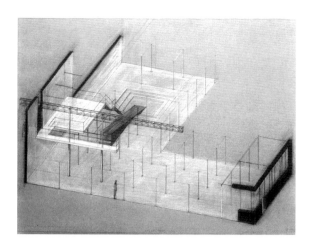

7 Halbes Haus / Half a Building
Düsseldorf, 1977
(Haus-Rucker-Co)

Zuerst als Projekt für einen Platz im Düsseldorfer Stadtteil Garath geplant, erwies sich das „Halbe Haus" als grundsätzliches Konzept wichtig für eine Reihe weiterer Entwürfe. Ein Haus zu zerteilen, kann zweierlei bedeuten: das Zerstören einer scheinbar intakten Einheit, weil die Inhalte mit der äußeren Form nicht mehr übereinstimmen; und das Öffnen für Erweiterungen, weil Bestehendes in neue Beziehungen gebracht werden soll. Dieses Haus besteht nur mehr aus einer Außenwand, von der noch Teile einer Geschoßfläche und waagrechte Stahlträger auskragen. Abgetrennt und wie auf Schienen vom ursprünglichen Zusammenhalt weggerückt ein zweites, kleineres Stück Mauerwerk, von Fenster- und Türöffnungen durchbrochen, mit Stahlgestänge Verbindungslinien zum größeren Hausteil weisend.

Initially planned as a project for a square in the Garath district of Düsseldorf, this half a building proved to be an important concept for a series of further designs. To divide a building can mean different things: the destruction of an apparently intact unit as the content no longer matches the external form or, on the other hand, opening the possibility for development as the existing substance is to be placed in new relationships. This building now consists only of an external wall from which parts of a storey and horizontal steel beams protrude. Separate, and moved away from the original context as if on wheels, stands a second, smaller piece of wall, penetrated by window and door openings, that indicates with steel rods connecting lines to the larger part of the building.

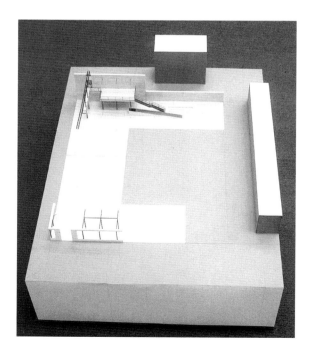

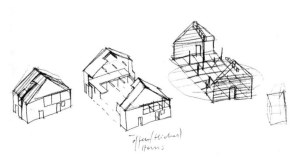

Rahmenbau / Frame Building
documenta 6, Kassel, 1977
(Haus-Rucker-Co)

Auf dem Weg vom Museum Fridericianum zur Orangerie in der Karlsaue liegt die Terrasse Schöne Aussicht. Hier steht der Rahmenbau.

Ein 13 x 13 m großer, 1,6 m breiter Gitterrahmen aus kreuzweise angeordneten diagonalen Stahlbändern, der, etwas aus dem Lot gekippt, den Blick in die dahinterliegende Landschaft einfaßt. Mit Stahlseilen von der Innenseite des Rahmens abgespannt, kragt aus dem Bildfeld ein 22 m langer Stahlarm, an dem – ähnlich einem Visier – ein gleicher, aber stark verkleinerter Rahmen befestigt ist.

Der Beobachter gelangt auf einem hakenförmigen Steg zuerst an der linken Seite des großen Rahmen vorbei, dann wieder zurück in dessen Achse zu einem über die Terrassenbrüstung hinausragenden Standort. Vor sich hat er hier den kleinen Visier-Rahmen, der ihm, wie bei optischen Geräten, in Feineinstellung einen Ausschnitt des großen Bildes zeigt.

The terrace Schöne Aussicht (Beautiful View) lies on the way from the Museum Fridericianum to the Orangerie in the Karlsaue. This is where the frame building stands.

A grille frame 13 x 13 m, 1,6 m wide made of diagonal steel bands arranged criss-cross which, tilted somewhat out of plumb, frames the view of the landscape behind. A 22 m long steel arm, tied back by steel cables to the inside of the frame, projects out of the visual field. A similar frame but dramatically reduced in size is attached to this arm, much like the sight on a rifle.

Via a footbridge hook-shaped in plan the viewer first passes the left side of the large frame then returns along its axis to a viewing point projecting out over the terrace parapet. Here the small gun sight frame is in front of him, like in an optical appliance it shows him a precisely focused section of the large image.

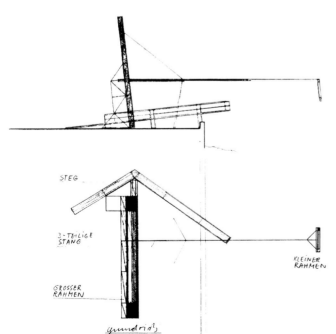

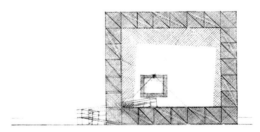

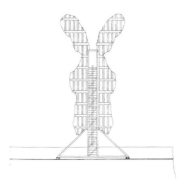
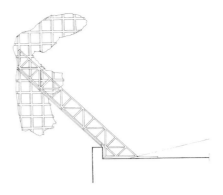

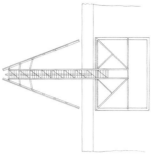

9　Nike
　Linz, 1977
　(Haus-Rucker-Co)

Die „Nike" wurde für das Gebäude der Linzer Kunstuniversität geplant.

Vom Dach des Gebäudes kragte an einem 7 m langen, schräg aufwärts weisenden Stahlgitterträger das nach zwei Seiten aufgeklappte fotografische Abbild der Nike von Samothrake. Das 7,5 m hohe Bild setzte sich aus Aluminiumtafeln zusammen, die silberglänzend den Untergrund für die graubraun eloxierte Fotorasterung bildeten. Entlang der Umrißlinie ausgeschnitten, waren die Tafeln auf einem Stahlrohrraster montiert. In spitzem Winkel dazu weggedreht, die spiegelbildliche Gegenseite.

The „Nike" was planned for the building of the Linz Art University.

From the roof of this building a 7 m long steel truss projected upwards at an angle and carried a photographic reproduction of the Winged Victory of Samothrace, opened out to form two sides. The 7.5 m high image was made of aluminium panels which provided a shiny silver surface for the grey-brown anodised photographic grid. The panels cut along the outline of the image were mounted on a grid of steel tubing. The mirror image that makes up the opposite side is turned away at an acute angle.

10   Oberbank
Wels, 1978–1980
(Haus-Rucker-Co)

Das Bankgebäude steht im Außenbezirk von Wels (Ober-österreich) an der Kreuzung einer Durchgangsstraße. Der Bau wirkt optisch nach beiden Seiten der Straßenkreuzung durch seine Hauptfassade, die losgelöst vom dahinterliegenden Gebäude in großen Bogen die Grundstücksgrenzen in voller Länge nützt. Das eigentliche Gebäude ist an diese zu große Fassade als zweites eigenständiges Element herangeschoben. Die Farben der Fassade: dunkelgrau mit hellgrauen Streifen, der Sockel aus roséfarbenen Marmor und zurückgesetzt, so daß das darüberliegende dunkle Mauerwerk keine feste Verbindung mit dem Boden zu haben scheint. Am Abend verstärkt ein Lichtband, das, hinter der Mauerschürze angebracht, nur den Sockel anstrahlt, diesen Eindruck einer schwebenden Wand.

The bank building is located in a suburb of Wels (Upper Austria) at a crossing on a main road. The building makes a visual effect on both sides of the street crossing by virtue of its main facade which, detached from the building lying behind, exploits in major curves the full length of the site boundaries. The building itself is slid towards this over-sized facade as a second, independent element. The colours of the facade are dark grey with pale grey stripes, the plinth is of rose coloured marble and is recessed so that the dark masonry above appears not to have any direct contact with the ground. In the evening a strip of lighting mounted behind the masonry apron strengthens the impression of a hovering wall.

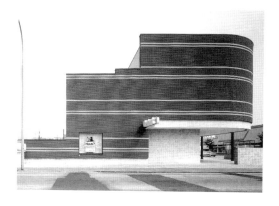

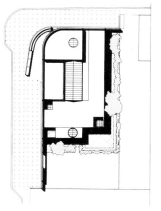

Lageplan/Site plan

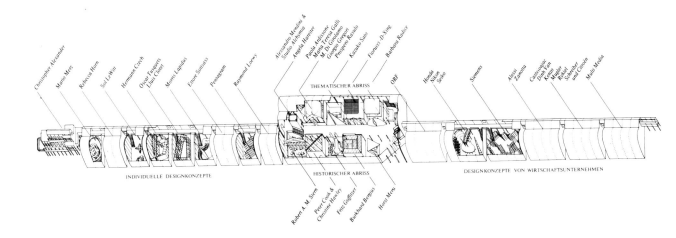

11 Temporärer Ausstellungsbau / Temporary Exibition Building
Forum Design, Linz, 1980
(Haus-Rucker-Co)

Forum Design war die zweite von Helmuth Gsöllpointner initiierte Großveranstaltung, die die Stadt Linz ins kulturelle Blickfeld Europas rücken sollte. In einem bis dahin nicht gezeigten schillernden Fächer wurde der Standpunkt einer gegenwärtigen Alltagskultur dargestellt. Nahe der Donau, auf einem verwilderten Grundstück zwischen zwei Brücken, wurde dafür ein Ausstellungsbau errichtet. Der Bau hat Ähnlichkeit mit einem Eisenbahnzug. Wie Waggons reihen sich bogenförmig gewölbte Einzelhallen aneinander, von einem breiteren Mittelbereich aus in beiden Richtungen durch einen Verbindungssteg gekoppelt. Die halbbogenförmige Stahlkonstruktion der Hallen ist mit weißer Haut aus Kunststoffgewebe bespannt. Von außen eine glatte Hülle als Schutzüberzug, im Inneren großzügig Raum und schattenlose Helligkeit. Naturfarbener Holzboden nimmt dem Licht, das von allen Seiten durch die Hülle dringt, die bläuliche Schärfe.

Forum Design was the second major event initiated by Helmuth Gsöllpointner intended to move the city of Linz into Europe's field of cultural vision. In a glittering kaleidoscope not previously shown the standpoint of a contemporary, everyday culture was presented. An exhibition building was erected close to the Danube on an overgrown site between two bridges. The building bears similarities to a railway train. Like train carriages vaulted individual halls are arranged one after the other, from a wider central area they are coupled in both directions by a connecting footbridge. The arched steel construction of the halls is spanned with a white skin of synthetic material. From outside it is a smooth shell forming a protective covering, in the interior it offers a generous space and brightness without shadow. Natural coloured wooden flooring absorbs the bluish sharpness of the light penetrating from all sides through the shell.

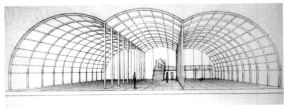

Schnitt Haupthalle / Section main hall

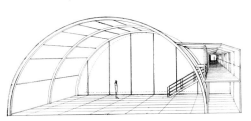

Schnitt Einzelhalle mit Promenadensteg / Section individual hall with promenade

12 Turm / Tower
Neuss, 1985
(Haus-Rucker-Co)

Über quadratischem Grundriß ein hochgestreckter Quader aus Stahlskelett, das mit Holzbohlen ausgefacht ist.
Die vier Ansichten sind gleich und haben je vier Fenster
und zwei Türöffnungen, durch die man im Inneren einen
sich nach oben verjüngenden Zylinder aus Messing sehen kann. Diese goldene Hülse reicht über die gesamte
Höhe des Innenraums. Die Öffnungen der hölzernen
Außenhülle korrespondieren mit gleich großen Öffnungen
im Zylinder.

A tall tower on a square plan made of a steel skeleton
frame infilled with timber planks. All four elevations are
the same: each has four windows and two door openings
through which one can see in the interior a tapering cylinder made of brass. This golden shell extends through the
entire height of the interior. The openings in the external
enclosure correspond with openings of equal size in the
cylinder.

*Blick auf die innere Messingverkleidung / View of the
brass cladding in the interior*

193

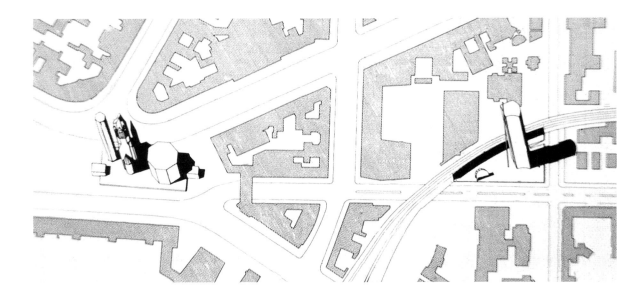

13 Turm am Kantdreieck / Tower on the Kantdreieck
Berlin, 1985
(Haus-Rucker-Co)

Das Kantdreieck ist an sich schon ein spezifischer Ort im westlichen Berlin. Ihn mit dem Breitscheidplatz, wo die Kantstraße endet, baulich in Beziehung zu setzen, war die Idee des Entwurfs. Dem historischen Thema der Gedächtniskirche sollte eine formal gleichwertige Baufigur gegenübergestellt werden, die oszillierend und unfixierbar etwas von der heutigen kulturellen Mixtur dieser Stadt vermittelt.

Der 68 m hohe, schlanke Bau richtet sich mit seinen gekrümmten Fassaden nicht nach bestehenden Maßen und Häuserfluchten rundum. Er dreht viel mehr das Geschehen in fremdartigem Selbstverständinis um sich, mit seiner türkis-schillernden Fassade auch ein Stück Orient einfangend, das zusammen mit den vielen Menschen die jetzt hier leben, von dort mitgekommen ist.

The Kantdreieck (Kant Triangle) is in fact a specific place in western Berlin. The idea behind this design was to place it, in architectural terms, in a relationship with Breitscheidplatz where Kantstrasse ends. The intention was to position a figure of equal formal importance opposite the historical theme of the Gedächtniskirche, oscillating and impossible to fix, it should convey something of the present day cultural mix of the city.

The slender tower, 68 m high, does not orient itself with its curved facades on the existing scale and building lines. Rather, employing a an alien view of itself, it revolves the situation around itself, its iridescent turquoise facade capturing a piece of the Orient which came from there together with many people who now live here.

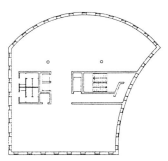

Grundriß EG / Floor plan, ground floor

Grundriß 3.–18. OG / Floor plan 3ʳᵈ–18ᵗʰ floor

14 Casa Rossa
Berlin, 1985–1989
(Haus-Rucker-Co)

Als einfacher Block zeigt das Haus nach außen seine beiden Funktionen durch unterschiedliche Fassadengestaltung: Die Büronutzung, zur Uhlandstraße und zum Damm der S-Bahn hin, durch eine Steinfassade mit gleichmäßigem Fensterraster. Für die Wohnnutzung wird der Block diagonal aufgebrochen, eine gezackte Balkonfront wird hier von einem Rahmenwerk umgrenzt, das die fehlende Ecke des Hauses mit steinernen Hilfslinien zum kompakten Block ergänzt.

This building is a simple block which illustrates externally its two functions by differences in the design of the facades. The office function facing onto Uhlandstrasse and to the S-Bahn embankment has a stone facade with a regular grid of windows. For the housing the block was broken up diagonally, a jagged balcony front is contained by a framework which, through the use of stone help lines, completes the missing corner to form a compact block.

15   Kunsthalle am / on August Macke Platz
Bonn, 1985
(Haus-Rucker-Co)

Die 1976 errichtete Blumenhalle sollte in eine Kunsthalle umgebaut werden. Ursprünglich freistehend, ist sie jetzt eingebunden in eine Blockrandbebauung. Dadurch daß die Schmalseite der neuen Kunsthalle gegenüber dieser Bebauung am Hochstadenring zurückspringt entsteht ein Vorplatz, der August Macke Platz, der von einer Stahlrahmenkonstruktion räumlich gefaßt ist. Aus der geschlossen gemauerten Eingangsfassade sind zwei gleichgroße Torflächen ausgestanzt und als eigenständige Mauerteile zur Begrenzung des Vorplatzes an die Straßenkante gerückt. Hinter diesen Eingängen befinden sich die mit Oberlicht ausgestalteten Ausstellungs- und Veranstaltungsräume des Kunstvereins und des Künstlerforums. Eine ovale, ringsum verglaste Cafeteria an der Stelle des früheren Eingangs ergänzt das Gebäude in einem neugestaltenden Hof.

The Flower Hall, constructed in 1976, had to be made over into an art gallery. Although it was originally designed to stand alone, it is now part of a block perimeter development. The fact that its narrower side, opposite this development on the Hochstadenring, is set back, creates a forecourt, August Macke Platz. This is contained by a steel frame construction. Two gateways of equal size are punched out of the closed, masonry entrance facade. These autonomous pieces of wall define the forecourt at the edge of the street. Behind these entrances are the exhibition and activity spaces of the art centre and artist forum which are lighted from above. An oval cafeteria, glazed all around, at the place of the former entrance complements the building in a newly designed courtyard.

16 Ideales Museum
documenta 8, Kassel, 1987
(Haus-Rucker-Co)

Das Museum besteht aus einer beliebig zu erweiternden Zahl von Beton-Containern, die durch einen Brückengang miteinander verbunden sind. Jeder Container hat die Maße 21 x 19 x 17 m und wird von vier Betonwänden gebildet, die weder außen noch innen besondere Gestaltungsmerkmale aufweisen. Der Brückengang durchdringt in einer Höhe von 3,50 m diesen Kubus. Neben den beiden Mauerdurchbrüchen gibt es nur noch ein Tor für die Lieferung der Museumsexponate. Licht kommt von oben durch die Zwischenfelder der Balkendecke.

The museum consists of a number of concrete containers, which can be multiplied as required. They are connected to each other by a bridge route. Each container measures 21 x 19 x 17 m and is formed by four concrete walls which have no particular design features either externally or internally. The bridge penetrates the cube at a height of 3.5 m. In addition to the two wall openings which it creates there is a doorway to allow delivery of museum exhibits. Light enters from above through the bays between the roof beams.

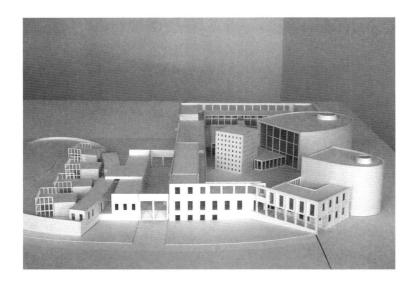
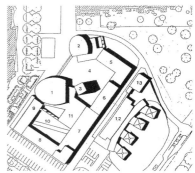

17 Stadtteilzentrum Brüser Berg / Centre of District Brüser Berg
Bonn, 1987–1993
(Haus-Rucker-Co)

Die unterschiedlichen Richtungen der mageren umgebenden Bebauung in einem gemeinsamen Ort zu bündeln, ist
die städtebauliche Aufgabe dieses Zentrums. Als Einrichtungen sind hier eine katholische Kirche, ein evangelisches
Gemeindezentrum, eine Tageskirche mit Glockenturm,
eine kleine Bibliothek, eine Altenbegegnungsstätte, ein
Jugendzentrum und ein Kindergarten versammelt.

The urban objective of this centre is to combine the various directions of the sparse surrounding development.
The facilities gathered here include a Catholic church, a
Protestant community centre, a weekday church with a
bell tower, a small library, a meeting place for the elderly,
a youth centre and a kindergarten.

18 Pfalztheater
Kaiserslautern, 1987
Wettbewerb / Competition (Haus-Rucker-Co)

Charakteristisch für das Projekt ist die Schaffung eines Sockelbauwerkes. Es terrassiert die Neigung des gesamten Grundstückes und bildet durch seine Gebäudekanten einen großzügigen Schirm zu den angrenzenden Straßen mit ihrem starken Verkehr. Auf diesem Sockel aus Technikräumen steht das Theater, gegliedert in unterschiedlich ausgeprägte Baukörper, die die historisch wertvolle Villa Munzinger funktionell und maßstäblich miteinbinden.

The principle characteristic of this project is the way it creates a plinth building. This terraces the slope of the entire site and its edges provide a generous screen towards the nearby busy streets. The theatre, which stands on this plinth housing technical rooms, is articulated into differently characterised elements which incorporate, both functionally and in terms of scale, the historically significant Villa Munzinger.

Ansicht West / Elevation west

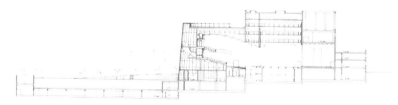

Schnitt / Section

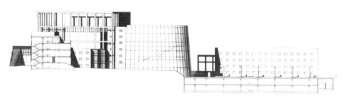

Ansicht Ost / Elevation east

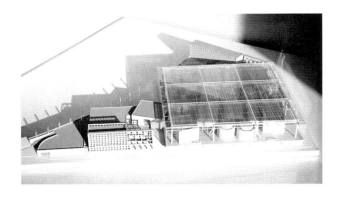

19 Deutsches Historisches Museum / German History Museum
Berlin, 1988
Wettbewerb / Competion

Die Bebauung des Spreebogengeländes vor dem Reichstag sollte mit dem Bau eines historischen Museums begonnen werden. Kernstück des Museums ist eine Glasvitrine,133 x 133 m und 22 m hoch, die sich über einen 4 m hohen Sockel stülpt. Unter diesem gläsernen Sturz befinden sich die Ausstellungsräume als locker gestapelte Container, unterschiedlich in ihrer Form, entsprechend den Themenkomplexen. Nicht nur das Museum als großer Speicher macht sich sichtbar, auch die Bewegungen der Besucher bei ihrer Suche nach der Vergangenheit, sind von außen wahrzunehmen.

The intention was that the development of the area along the curve of the River Spree should start with the construction of a history museum. The core of the museum is a glass showcase measuring 133 x 133 x 22 m which is positioned over a 4 m high base. Beneath this glass lid the exhibition spaces are placed as loosely stacked containers that differ in form according to the complex of themes displayed. It is not merely the museum which makes itself visible as a major storehouse, the movements of the visitors as they search for the past can also be perceived from outside.

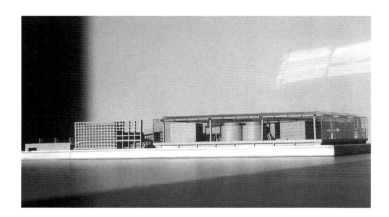

Grundriß 1.OG / Floor plan first floor

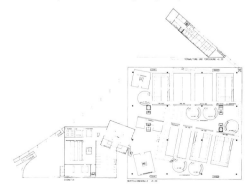

Grundriß 4.OG / Floor plan 4th floor

20 Bene Büromöbel
Bürogebäude und Produktionshalle / Office and Manufacturing Building
Waidhofen/Ybbs, 1988–1989

Das Bürohaus gliedert sich in zwei Elemente: einen Riegel, dessen Nordfront längs der Ybbs liegt, und einen zweiten Baukörper mit eiförmigem Grundriß, der darauf senkrecht nach Süden gerichtet ist. Die Eiform bewirkt bei der Innen-einrichtung eine strikte Loslösung von der Außenhaut. Die Gestaltung hat sich als autarkes System zu bewähren: eine Laborsituation für den Hersteller von Büroeinrichtungssy-stemen. Die weitgehend verglaste Fassade versucht soviel wie möglich von der umgebenden grünen Kulisse einzu-fangen. Vor die Glashaut ist ein Raster aus Betonteilen ge-stellt, der durch seine horizontale Teilung eine größere Zahl von Geschossen suggeriert und so das Haus höher erscheinen läßt. Die angrenzende Produktionshalle zeigt sich zur Straße hin als 230 m langes repräsentatives Band, das mit seinen übergroßen Fenstertüren von außen einen Blick auf die Fertigung freigibt.

The office building is divided into two parts: a block with its north front along the River Ybbs and a second struc-ture, placed vertically upon it, with an egg-shaped plan oriented towards the south. The egg shape enables the interior to be strictly separated from the exterior. The design had to be a self-sufficient system, as it is a labora-tory for the Bene production of office furniture. The main-ly glass facade attempts to capture as much as possible of the surrounding green backdrop. A grid of concrete elements was placed in front of the glass exterior. Its horizontal divisions suggests that the building is made up of a greater number of storeys than it in fact has, making the building appear larger than it is. The adjacent manu-facturing building presents a 230 m long representative band towards the street. Its enormous French windows allow a view of the manufacturing process from outside.

21 Bene Tavola
Waidhofen/Ybbs, 1990

Festtafel anläßlich des 200-jährigen Firmenjubiläums. Die Tafel umgab den Mitteltrakt des Verwaltungsgebäudes an drei Seiten und bot ca. 2500 Gästen Platz. Für die Gäste, die an der Innenseite saßen führten zwei Brücken über den Tisch zu den Buffets.

Banquet for the celebration of the 200th anniversary of the founding of the firm. The banqueting table surrounded the middle section of the administration building on three sides and there was space for c. 2500 guests. Two bridges led the guests, who sat on the inner side, over the table to the buffet.

Mit dem Tisch durch die Wand / Through the Wall with a Table
Düsseldorf, 1981
(Haus-Rucker-Co)

Ein 10 m langer Eßtisch, der durch die Trennmauer gesteckt nun zwei Gärten verband.

A 10 m-long dining table extending through the separating wall linked two gardens with each other.

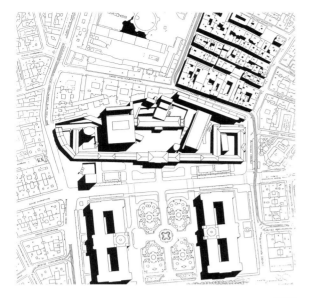 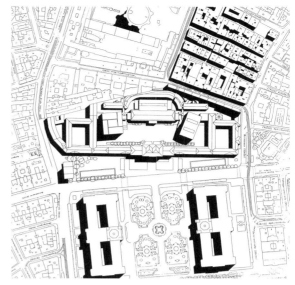

1990   *1995*

22 *Museumsquartier Wien*
    Wettbewerb / Competion: 1988, 1990
    Realisation: 1995–2001

Das Areal der ehemaligen Hofstallungen (1723 von Fischer von Erlach erbaut) ist im Ensemble des Wiener Kaiserforums das vis-à-vis liegende Gegenstück zur alten Hofburg. In direkter Nachbarschaft zu den beiden Semperschen Hofmuseen bietet es in idealer Weise die stadträumliche Möglichkeit für ein längst überfälliges Zusammenziehen verstreuter Kultureinrichtungen zu einer repräsentativen Institution. Hier wird das Museumsquartier gebaut: ein Zentrum für Gegenwartskunst mit Museen und Kunsthalle, einer Veranstaltungshalle, dem Architekturzentrum, Produktionsräumen für neue Medien und Künstlerateliers, Restaurants, Cafés und Shops. Einen solchen Bauplatz, so groß und so tief im historischen Herz einer Stadt gibt es nirgendwo. Die heftigen Auseinandersetzungen, die sich auf allen politischen und gesellschaftlichen Ebenen über ein Jahrzehnt abspielten, spiegeln die Bedeutung des Vorhabens und die unterschiedlichen Auffassungen über eine kulturelle Orientierung.

In the ensemble of the Viennese Kaiserforum the complex of the former Court Stables (built in 1723 by Fischer von Erlach) lies opposite the old Hofburg to which it forms a counter-piece. In direct proximity to the two Semper Court Museums it offers in an ideal way a long overdue urban opportunity of bringing together scattered cultural facilities to create a representative institution. Here is where the Museums Quarter will be built: a centre for contemporary art with museums and a Kunsthalle, a hall for diverse events, an architecture centre, production rooms for new media and artists' ateliers, restaurants, cafés and shops. A building site of such a kind, so large and so deep in the historic heart of the city cannot be found elsewhere. The intense discussions which took place for over a decade on all political and social levels reflect the significance of the project and the differing understandings of cultural orientation.

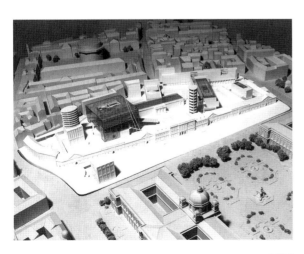 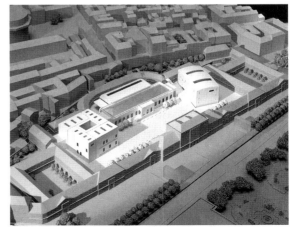

1990   *1995*

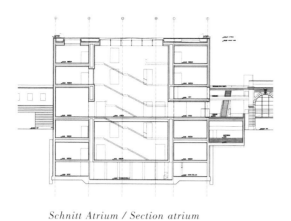

Schnitt Atrium / Section atrium

23 Leopold Museum
Museumsquartier Wien, Vienna
1995–2001

Ein kompakter Quader mit einer Grundfläche von 40 x 46 m, der 24 m über die Erde und 13 m in die Erde ragt. Zentrum dieses Kubus ist ein Atrium, das alle Geschoßebenen durchdringt und die Sammlungssäle in windradförmiger Anordnung rundum gruppiert. Die Außenflächen mitsamt der Dachfläche sind mit weißem Muschelkalk verkleidet: eine massive, gemauerte steinerne Hülle, die mit ihrer Material- und Bearbeitungsqualität dem Wert der hier gezeigten Werke zu entsprechen versucht.

A compact block with a floor area of 40 x 46 m which rises 24 m above ground level and extends 13 m into the earth. An atrium forming the centre of this cube penetrates all levels grouping the exhibition rooms around it in a pin-wheel arrangement. The external surfaces, including the roof, are clad with white shell limestone: a massively built stone shell which attempts, using the quality of its materials and the way they are handled, to match the value of the works exhibited here.

Grundriß / Floor plan

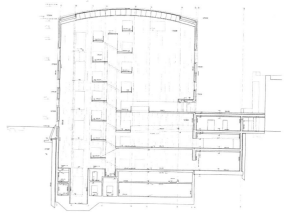

Schnitt durch die Eingangshalle / Section through the entrance hall

24 Museum Moderner Kunst / Museum of Modern Art
Museumsquartier Wien, Vienna
1995–2001

Der Kubus mit seiner gekrümmten Dachfläche ist zur Gänze mit Basaltlava verkleidet. Bodenschlitze entlang der Fassaden, die dem Hof zugewandt sind, zeigen, daß dieses Gebäude tief in die Erde hinunterreicht. Im Inneren durchteilt die schmale Halle der vertikalen Erschließung mit ihrem 41 m hohen Luftraum das gesamte Haus: Die 30 x 51 m große Grundfläche wird so in zwei Teile geteilt: über den größeren erstreckt sich der Ausstellungstrakt, über dem kleineren hingegen befindet sich der Kabinetttrakt mit seinen niedrigeren Räumen.

The cube with its curved roof surface is completely clad with basalt lava. Slits in the ground along the facades facing onto the courtyard indicate that this building extends deep into the earth. In the interior the narrow hall containing the vertical circulation with its 41 m-high void divides the entire building. The floor area measuring 30 x 51 m is thus separated into two unequal parts: the exhibition area lies above the larger section whereas the cabinet wing with its lower rooms is placed above the smaller part.

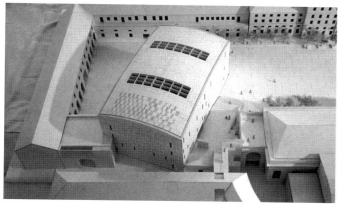

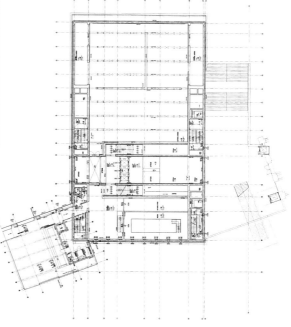

Grundriß / Floor plan

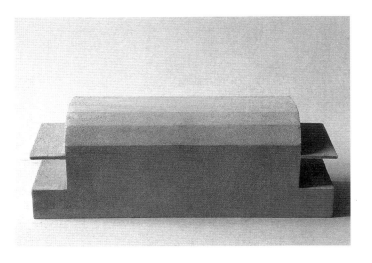

25 Kunsthalle/Veranstaltungshalle / Kunsthalle/Events Hall
Museumsquartier Wien, Vienna
1995–2001

In der Anlage des Museumsquartiers nimmt die Kunsthalle und die mit ihr verbundene Veranstaltungshalle eine zentrale Stellung ein: Geteilt in zwei Baukörper – für die Veranstaltungshalle wird die historische Reithalle genutzt, für Ausstellungen ein parallel dazu errichteter Neubau –, sollen beide Hallen sowohl miteinander als auch jede für sich bestehen können. Formal wird der reichdekorierten, auf traditionelle Repräsentation ausgerichteten Reithalle die vergleichsweise karge Zweckmäßigkeit der Kunsthalle zur Seite gestellt. Von außen zeigt sich die Kunsthalle als liegender Kantblock, bis hin zu den in die Stirnflächen eingelassenen Kragplatten aus rotem Ziegel. Als eigenständiger Baukörper liegt er dicht herangerückt längsseits der Reithalle und überlappt mit seinem Ziegeldach deren Dachsaum.

In the Museumsquartier complex the Kunsthalle and the Events hall, which is linked to it, occupy a central position. They are separated into two elements: the historical Riding Hall will be used for events, a new building erected parallel to it to house exhibitions. Both halls are intended to function either singly or together. In formal terms the comparatively bare functionalism of the Kunsthalle is contrasted with the richly decorated Riding Hall, a traditional representional building. Seen from outside the Kunsthalle is a horizontal, sharp-edged block which, except for the projecting slabs inserted in the short ends, is of red brick. It is an independent element moved close to the long side of the Riding Hall, its tiled roof overlapping the eaves of the old building.

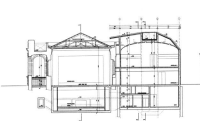

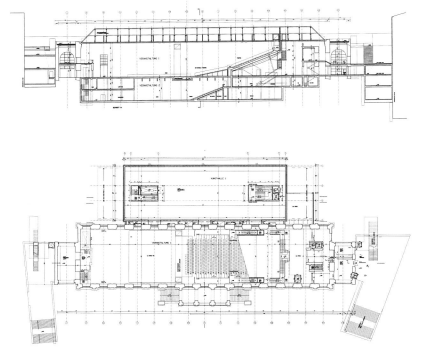

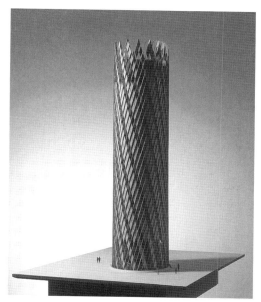

26 Leseturm
Museumsquartier Wien, Vienna
1995

Im Ensemble der neuen Gebäude des Museumsquartiers übernimmt der Leseturm die Rolle des übergeordneten Zeichens nach Außen. Von seiner Funktion her bietet der 57 m hohe Turm auf 10 Doppelgeschoßen Themenpräsentationen, denen jeweils auch die entsprechenden Bücher und Medienträger als Informationsangebot zugeordnet sind. In kleinen „Salons" wird so eine individuelle Auseinandersetzung mit künstlerischen Schwerpunkten ermöglicht.

In the ensemble of new buildings in the Museumsquartier the "Leseturm" takes on the role of a primary, outward-oriented symbol. In terms of function the 57 m-high tower offers on ten double storeys thematic presentations to which the appropriate books and media carriers are allotted as sources of information. In small "salons" it is possible to engage in an individual investigation of focal artistic themes.

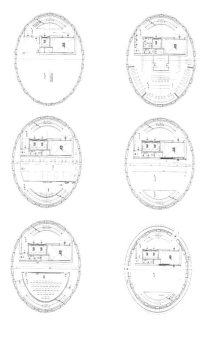
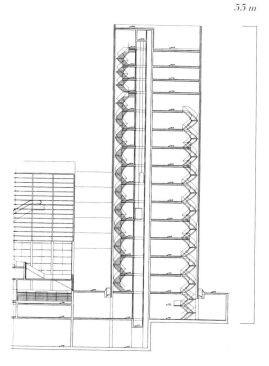

55 m

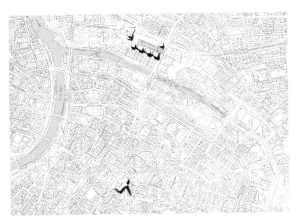

27 *Wien Mitte*
Wettbewerb / Competition: 1990
Realisation: 2000–2003

Der Bahnhof Wien Mitte ist als Knotenpunkt öffentlicher Verkehrsmittel der am besten erschlossene von Wien. Mit wenigen Minuten Gehzeit zum Stephansplatz liegt er unmittelbar am Herzen der Stadt. Ein Ensemble von Hochhäusern faßt an drei Seiten das 30.000 m² große, viergeschoßige Urban-Center, in dem sich unterirdisch der Bahnhof und darüber ein hochwertiges Angebot an Geschäftslokalen und Unterhaltungseinrichtungen befindet. In der Stadtsilhouette zeigt sich Wien Mitte als kompakte Stadtfigur.

Realisierung in Partnerschaft mit den Architekten Neumann & Steiner und Lintl & Lintl.

Wien Mitte railway station is the best-linked junction point in Vienna's public transport system. Situated only a few minutes by foot from Stephansplatz it lies directly at the heart of the city. An ensemble of high-rise buildings encloses on three sides a four-storey Urban Center, 30,000 m² in area, in which the railway station is placed below ground level and a variety of high-quality shops and entertainment facilities is placed above. In the urban silhouette Wien-Mitte appears as a compact figure.

Realisation in partnership with the architects Neumann & Steiner and Lintl & Lintl.

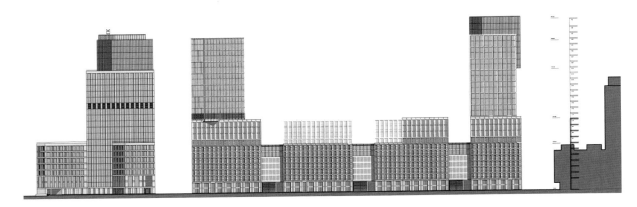

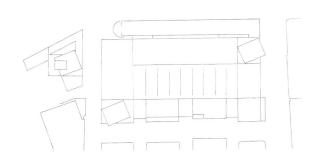

28 Landeszentralbank
Düssedorf, 1991–1994

Das Gebäude der LZB in Düsseldorf – die „Schwarze Kiste" – gehört zu den schönsten Gebäuden der Stadt. 1964 von Friedrich Wilhelm Kraemer geplant, hatte es durch funktionsbedingte Einbauten einiges von seiner alten Klarheit eingebüßt. Chirurgisch diese Wucherungen zu entfernen war ein Teil der Aufgabe, neue notwendige Raumgruppen einzufügen ein anderer. Für Eingang, Foyer und Hof wurde eine Folge von Skulpturen durch den englischen Bildhauer Tony Cragg hergestellt, die gemeinsam mit den reduzierten architektonischen Maßnahmen den Raum neu definieren. Im obersten Geschoß ergänzt der neue Konferenz-Pavillon die benötigte räumliche Umstrukturierung.

The Landeszetralbank building in Düsseldorf – the so-called "Black Box" – is one of the city's finest buildings. Planned in 1964 by Friedrich Wilhelm Kraemer, insertions necessitated by functional requirements had deprived it of some of its original clarity. The surgical removal of these growths was one part of the commission and the insertion of new necessary spatial groups the other. For the entrance, foyer and courtyard a sequence of sculptures was produced by the English sculptor, Tony Cragg. Together with the reduced architectural measures it redefines the space. On the top floor a new conference pavilion complements the necessary spatial restructuring.

29 Landeszentralbank
Potsdam, 1991–1994

„Berliner Vorstadt" heißt die Villengegend nordöstlich des Potsdamer Zentrums. Der Neubau der Landeszentralbank fügt sich in das Parkareal, ohne bevorzugten Status für sich zu reklamieren. Er setzt sich aus zwei selbständigen Gebäuden zusammen: Drei Stadtvillen, die durch einen gemeinsamen Terrassensockel zusammengefaßt das Visavis der Kleist'schen Villa und das eigentliche Bankgebäude bilden. Dieser Bau besteht aus einer über die gesamte Gebäudehöhe reichenden gläsernen „Vitrine", in der Kundenverkehr und vertikale Kommunikation zusammengefaßt sind, und dem Bankblock, in dessen Zentrum sich der dreigeschoßige Tresor befindet, um den herum die notwendigen Arbeitsräume angeordnet sind.

"Berliner Vorstadt" (Berlin suburb) is the name of a villa district to the north-east of central Potsdam. The new Landeszentralbank building fits into the park-like site without claiming preferential status for itself. It is made up of two independent buildings: three town villas, which, connected by a shared terrace, form a counterpart to the Kleist Villa and constitute the bank building itself. This building consists of a glass "display case" extending over the entire height of the building where customer business and vertical communication are located and the bank block with a three-storey strong-room at its centre around which the necessary work spaces are arranged.

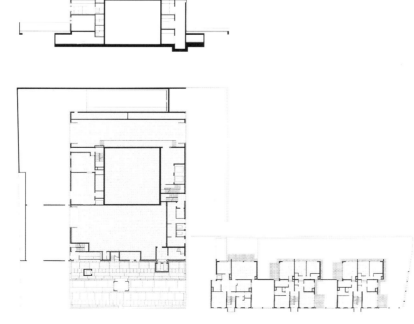

Eingangshalle / Entrance hall

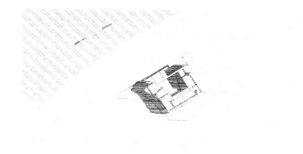

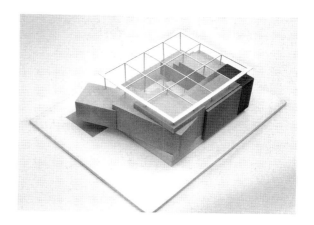

30 Maxx Hotel
Linz, 1991–1995

Von seiner Lage her kommt dem Bauplatz eine städtebauliche Schlüsselfunktion zu. Die Stadtautobahn kreuzt sich hier mit der Donaulände, die auf kurzem Weg zum Stadtzentrum führt. Über die Donau weithin sichtbar wird alles, was hier steht, zum markanten Teil der Stadtsilhouette. Das Hotel gruppiert sich mit mehreren Gebäudeteilen um das bestehende Fehlingergebäude und bindet es in eine U-förmig zur Donau geöffnete Anlage ein. Die einzelnen Teile sind gegeneinander verschränkt, dazwischen sind verschiedene Terrassen- und Freiflächenbereiche mit unterschiedlichen Nutzungen angeordnet. Eine 25 m hohe Pergola faßt als gemeinsames Dach alle Bauteile zur Großform zusammen.

Its location means that this site has a key function in urban terms. The city motorway here crosses the Donaulände which leads directly to the city centre. Furthermore, everything that stands here is visible from across the Danube and forms a prominent part of the city's silhouette. The hotel groups a number of building elements around the existing Fehlinger building incorporating it in a U-shaped complex open towards the Danube. The individual parts are staggered against each other, various terraces and outdoor areas with different functions are placed between them. A 25 m-high pergola forms a common roof combining all the building elements in a major form.

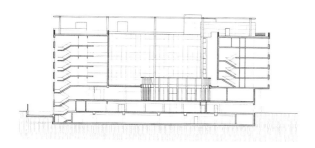

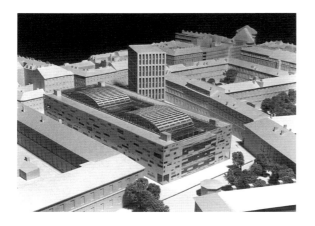

31 Druckerei der Österreichischen Nationalbank, Wien /
Printing Office of the Austrian National Bank, Vienna, 1991
Wettbewerb / Competition

Der Bauplatz für die Banknoten-Druckerei liegt im Areal des Alten Allgemeinen Krankenhauses der Stadt Wien. Mit seiner barocken Bausubstanz, den riesigen parkähnlichen Höfen und dem markanten runden Narrenturm besitzt dieses Areal eine besondere stadträumliche Qualität. Der Entwurf sieht zwei eigenständige Baukörper vor, die unterirdisch miteinander verbunden sind: den 9 geschoßigen Verwaltungskubus und den langgestreckten Block der eigentlichen Druckerei.

The site for this printing office for bank notes lies within the grounds of Vienna's old General Hospital. With its Baroque building substance, the enormous park-like courtyards and the striking round "Narrenturm" (Fools Tower) the location possesses a special urban spatial quality. The design envisages two independent building blocks connected underground with each other: a nine-storey administration cube and a long block housing the printing office itself.

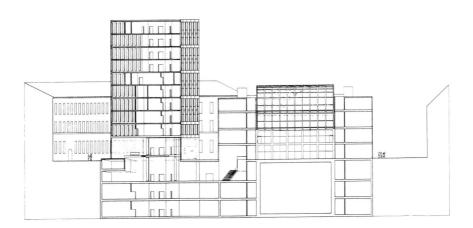

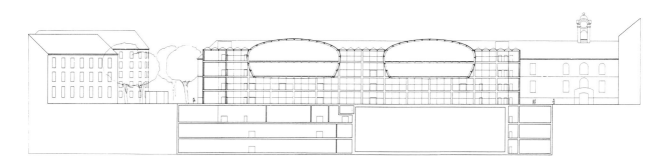

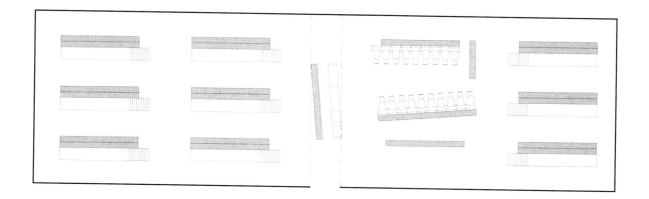

32 *Ausstellung Haus-Rucker-Co / Exhibition Haus-Rucker-Co*
Kunsthalle Wien, Vienna, 1992

Die Eröffnungsausstellung der Kunsthalle Wien zeigte das Gesamtwerk von Haus-Rucker-Co. Bis auf ganz wenige Stücke wurde alles, was an Objekten, Modellen und Zeichnungen in den Jahren 1967–1990 entstanden ist, dafür zusammengetragen. Präsentiert wurde diese Materialfülle in zweigeschoßigen Regalblöcken, Stück an Stück gereiht die Objekte und Modelle in stehenden Stapeln die Bilder und Zeichnungen. Leuchtstoffröhren in jeder Etage gaben den Regalblöcken von innen her Licht – an ihren Außenseiten waren sie durch ein großgerastertes Gitter gesichert. Im Zentrum dieses Speichers befand sich ein Bar-Restaurant mit zwei Reihen einander gegenüberstehender Tische.

The opening exhibition of Vienna's Kunsthalle was a retrospective of Haus-Rucker-Co. All objects, models and drawings from 1967–1990 were collected together for this (with a few exceptions). This large amount of material was shown on two-storey blocks of shelves. The objects and models were found in rows, while paintings and drawings were shown stacked over one another. Fluorescent tubes on each storey lit up the blocks of shelves from inside – on the outside secured by a large-scale mesh. At the centre of this storage space was a bar/restaurant with two rows of tables, facing one another.

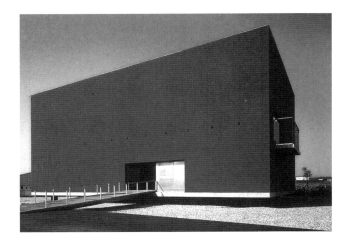

33 Europä Design Depot
Klagenfurt, 1992–1994

Ein indigoblauer Kubus, 26 m lang, 18 m breit, 12 m hoch, 50 cm über einem Feld aus weißem Flußschotter schwebend. Im Inneren ein Hof, dessen eine Hälfte durch einen hakenförmigen Bau mit roter Holzfassade gebildet wird. Auf der anderern Hälfte reicht über die ganze Breite eine Freitreppe. Von außen geschlossene Wände bis auf drei Öffnungen: der Balkon im Osten, das Fensterfeld im Westen und der Eingang im Süden.

An indigo-blue cube measuring 26 m long, 18 m wide and 12 m high hovers 50 cm above a surface of white river-bed gravel. There is a courtyard inside the cube, half of which is taken up by a hook-shaped building with a red timber facade. An outdoor staircase extends across the entire width of the other half. The walls are closed on the outside apart from three openings: the balcony on the east, the area of glazing on the west and the entrance on the south.

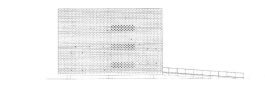
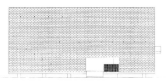
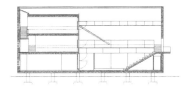

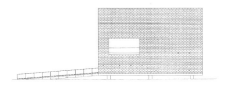

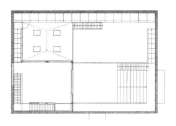

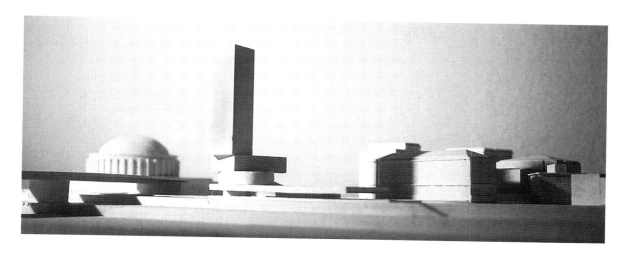

*34   Kunstkonsulat
Düsseldorf, 1993*

Im Zuge der Tieferlegung der Rheinuferstraße bietet sich die planungsstrategische Möglichkeit, im Vorfeld der Kunstakademie eine kulturelle Einrichtung zu schaffen, welche die Aufgaben der Akademie ergänzt und sichtbar zum Glanz der Stadt beiträgt. Das „Kunstkonsulat Düsseldorf", das Ateliers für ausländische Künstler sowie Ausstellungs- und Sammlungsräume für die Akademie beinhalten sollte, setzt einen klaren Akzent in der vom Rhein sichtbaren Stadtsilhouette.

In the course of lowering the street running along the bank of the Rhine the possibility arose of creating, in terms of urban planning, a new cultural facility in front of the Academy of Fine Arts, which would complement the function of the Academy and make a visible contribution to the reputation of the city. The "Kunstkonsulat Düsseldorf," which is intended to house ateliers for foreign artists as well as exhibition and collection rooms for the Academy, places a clear accent in the silhouette of the city as seen from the Rhine.

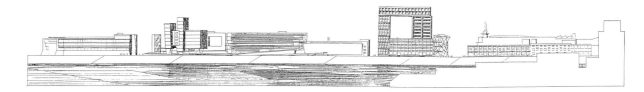

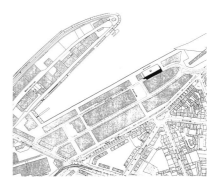

35 Hafentor
Düsseldorf, 1993
Wettbewerb / Competion

Als Vorgabe: im Rhein-Hafen ein 5geschoßiger Stahlske-lettbau, mit Ziegel und Glas ausgefacht, typischer Spei-cher, abgewrackt, der erweitert und als Ausstellungs- und Atelierhaus genutzt werden wird. Das „Hafentor" bezieht diesen Altbau in eine Großform mit ein, die sich aus unterschiedlichen, wie Frachtgut aufeinandergestapelten Baukörpern ergibt. Allen Gebäudeteilen gemeinsam ist eine einfache, deftige Material- und Formensprache: Beton, Stein, Ziegel, Metall – Strukturen, wie aus vorhan-denen Bauten herausgeschnitten, einfache Kuben, unor-dentlich aufeinandergetürmt.

Instructions: a five-storey steel-frame building, with brick and glass infill, a typical storehouse, in need of repair, that can be enlarged and used as an exhibition hall and studio. The port entrance incorporates this older building in a larger structure, which is composed of diverse con-structions, piled one above the other like freight. All con-structions share a simple, solid language of forms and materials: concrete, stone, brick, metal structures that look as if they had been cut out of existing structures, messily piled upon each other.

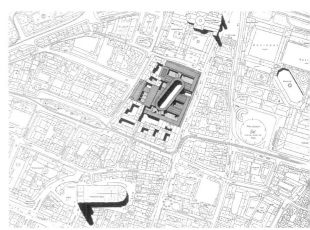

36 Hypobank
München, Munich, 1994
Wettbewerb / Competition

Bauliche Erneuerung des Blocks Salvatorgasse/Theatiner-
straße/Kardinal Faulhaberstraße im historischen Zentrum
von München. Die Straßenfronten der Häuser dieses Blocks
bleiben, wo es möglich ist, erhalten oder werden in Abstimmung zu vorhandenen Fassaden neu gestaltet. Das
Innere des Blockes aber wird durch einen öffentlichen
Platzraum erschlossen, der von einem Ringgebäude, der
Scala, sämtliche Geschoße der anliegenden Häuser anbin-
det. Als Wandelgalerie ist sie bis zum obersten Geschoß
für Passanten zugänglich. Die Ausrichtung der Scala nach
den Zwillingstürmen der Theatinerkirche einerseits und
der Frauenkirche andererseits, ermöglicht auch im Blockin-
neren eine übergeordnete stadträumliche Orientierung.

An architectural renovation of the block Salvatorgasse
/Theatinerstrasse/Kardinal Faulhaberstrasse in Munich's
historical centre. The street fronts of the block are preserved where possible or newly designed to harmonise
with the existing facades. In contrast the interior of the
block is accessed from a public open space that, from a
ring-shaped building called the Scala, connects all storeys
of the adjoining buildings. It is a gallery for promenading,
open to passers-by up to the top level. The way in which
the Scala is placed in relationship to the twin towers of the
Theatiner Church and those of the Frauenkirche also allows a general urban orientation from within the interior of
the block.

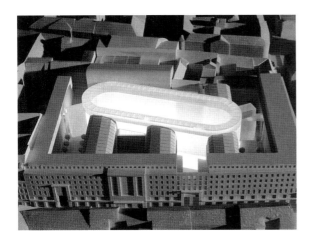
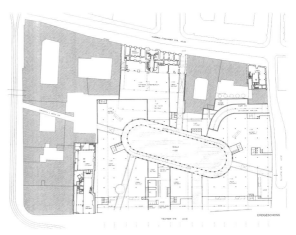

Grundriß EG / Floor plan ground floor

37   *Ausstellung Ortner & Ortner Baukunst / Exhibition Ortner & Ortner Baukunst*
Francisco Carolinum
Linz, 1994

Zentrum der Ausstellung bildete eine Gegenüberstellung der wichtigsten O&O-Projekte als Modelle im gleichen Maßstab. Die Annäherung und Umkreisung der Bauthemen wurde anhand von Skizzen und Zeichnungen gezeigt, die in anderen Sälen die Wände bis hoch hinauf füllten. Großflächige Farb- und Materialproben, zusammen mit Detailmodellen vervollständigten das Bild der konzeptuellen Methodik von O&O.

The central part of the exhibition was a display of O&O's most important projects, in the form of same-scale models. Architectural themes were explained and enlarged upon in sketches and drawings that covered the walls in further halls. O&O's conceptual methods were further demonstrated by large samples of materials and colours, as well as models of detail.

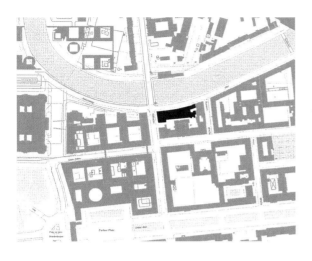

38 *ARD Hauptstadtstudios / ARD Studio Buildings*
Berlin, 1995–1998

Als eine der führenden Medienanstalten des Landes bezieht das ARD-Hauptststadtstudio seine Position in zentraler Lage an der Spree, dem Reichstag sozusagen vis-à-vis. Der Bau hat wie die Institution Charakter: fest und selbstbewußt, mit unpathetischer Ernsthaftigkeit.

Stabilisierend im Stadtgefüge ergänzt er den historischen Baublock ohne vordergründige Medialität im äußeren Erscheinungsbild. Lediglich das „große Fenster" über dem Eingang in der Wilhelmstraße verweist auf die Funktion. Im Inneren sind Studios, Redaktionsräume und Büros um die zentrale „Redaktionshalle" organisiert. Mit einer großen Freitreppe, Verbindungsbrücken und Galerien erschlossen, bietet diese Halle Platz für Inszenierungen aller Art.

As one of the leading media institutions in the country the ARD studio building takes up position in a central location on the River Spree, opposite the Reichstag, so to speak. Like the institution the building has character: solid, self-confident with an unexaggerated seriousness.

A stabilising element in the city structure that complements the historic block without any superficial medial quality to its external appearance. It is only the "big window" above the entrance on Wilhelmstrasse that indicates the building's function.

Inside the studios, editorial rooms and offices are organised around the central "editing hall." Accessed by a large, free-standing staircase, connecting bridges and galleries, this hall provides space for staging events of all kinds.

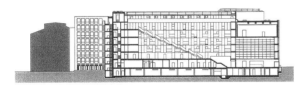
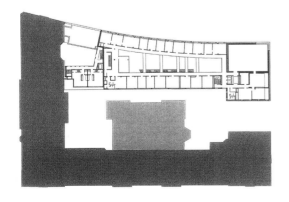

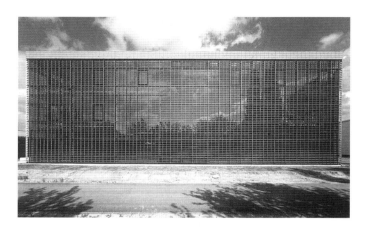

39 Photonikzentrum
Berlin-Adlershof, 1995–1998

Die beiden Gebäude des Innovationszentrums für Optik, Optoelektronik und Lasertechnik (IOOL), reihen sich in die städtebauliche Struktur der denkmalgeschützten 60er-Jahre-Bebauung von Berlin-Adlershof. Zwei unterschiedlich große Kuben, die aber in ihrer Fassadengestaltung und inneren Organisation mit gleichen Elementen ausgestattet sind. Die jeweils der Schmalseite über die geplante Gebäudehöhe vorgelagerte verglaste Schicht funktioniert als interne Kommunikationszone. Sie ist Schaufenster und Adresse – der Kopf. Im angeschlossenen Baukörper befinden sich die Einrichtungen für Forschung und Entwicklung.

The two buildings of the Innovation Centre for Optics, Opto-electronics and Laser Technology (IOOL) are placed within the urban structure of the Berlin-Adlershof development which dates from the sixties and is under a preservation order. They form two cubes of different sizes which use similar elements in their facade design and internal organisation. The glazed layer placed in front of each short end and extending the planned height of the building functions as an internal communications zone. It is both shop window and address – the head.
The facilities for research and development are located in the adjoining element.

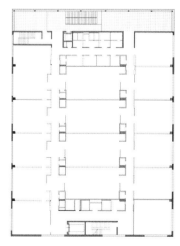
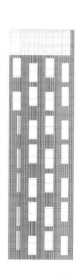

40 Musicon Bremen, Konzerthaus / Concert Hall
Bremen, 1995
Wettbewerb / Competition

Ein großes Konzerthaus mit einem Saal für 2500 Personen soll das kulturelle Angebot der Stadt überregional bedeutend machen. Der Standort an der Rückseite des Bahnhofs bringt gleichzeitig eine wesentliche Aufwertung dieses Areals mit sich, vor allem in Verbindung mit der dort wie vergessen abgestellten monumentalen Stadthalle und den Messehallen. So versucht der kubische Bau mit Ausläufern dieses ganze Ensemble zum einen neu zu ordnen, zum anderen im Inneren seine ureigene Bestimmung – die Musik – zu verkörpern: ein in den Kubus frei gestellter Klangkörper stellt den eigentlichen Saal dar, rings herum erschlossen von Treppen und Foyerebenen.

A major concert building with a hall for 2500 persons is intended to give the cultural facilities offered by the city an importance extending beyond its regional boundaries. Its location at the rear of the railway station represents at the same time a significant improvement in the quality of this area, above all in connection with the monumental "Stadthalle," which stands there apparently forgotten, and the trade fair halls. The cubic building with projecting elements attempts on the one hand to reorganise this entire ensemble while also embodying in the interior its primary function – music. A resonant element freely positioned in the cube contains the hall itself and is accessed by staircases and foyer levels placed around it.

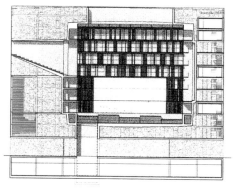

Schnitt / Section

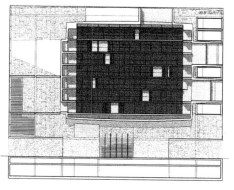

Schnitt / Section

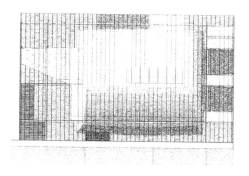

Ansicht / View

221

41 Die Erste Bank
Linz, 1995–1998

Als Eckgebäude markiert „Die Erste" durch ihre leichte Gedrehtheit das Ende des Straßenverlaufs des Graben und die Einleitung in die Kollegiumgasse. Gestalterisch verschränkt sich an dieser Ecke die 3geschoßige Kollegiumszeile mit dem 6geschoßigen Grabenkubus.

"Die Erste" is a corner building and, being slightly turned, marks the end of Graben and the beginning of Kollegiumgasse. The three-storey row on Kollegiumgasse is designed to embrace the six-storey cube on the Graben.

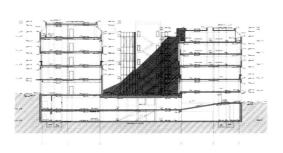

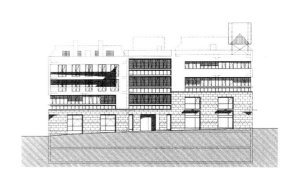

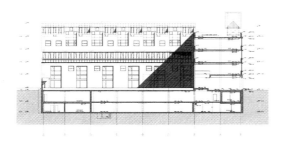

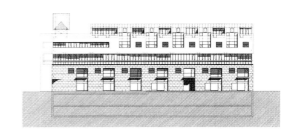

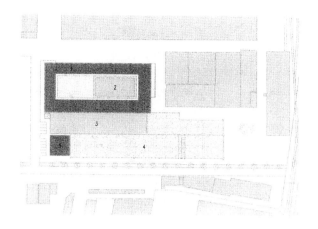

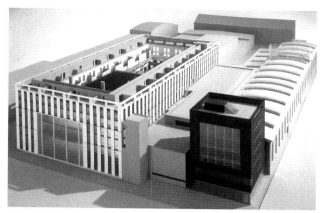

42 Schiffbau, Theater- und Kulturzentrum des Schauspielhauses Zürich /
Theater and Culture Centre of the Zurich Schauspielhaus
Zürich, Zurich, 1996–2000

Auf dem ehemaligen Industriegelände von Sulzer-Escher-Wyss im Nordwesten der Stadt Zürich wird der Hof des Schauspielhauses Zürich errichtet. Der Hof ist ein lapidarer Block: 84 m lang, 40 m breit und 23 m hoch.

Die Fassade besteht aus vertikalen Beton-Lisenen, dazwischen goldgefaßte Fensterbänder in gleicher Breite. Im Inneren faßt der Hof die Nutzungen zusammen, die das Theater braucht. Ebenerdig sind eineinhalbgeschossig die Werkstätten situiert, ganz oben ein weißer Ring von aneinandergereihten zweieinhalbgeschossigen schmalen Wohnhäusern mit Dachterrassen. An seiner Längsseite ist der Bau mit einem hohen Zwischentrakt, in dem sich drei Probebühnen und das Kleine Theater befinden, an die denkmalgeschützte Schiffbauhalle angeschlossen.

A new building for the Zurich Schauspielhaus (theatre) is to be erected on the former Sulzer-Escher-Wyss industrial premises (*shipyard*) in the northwest of the city. This building is a simple block 84 m long, 40 m wide and 123 m high.

The facade is composed of vertical concrete strips alternating with gold-framed bands of glazing of the same width. The interior combines all those functions required by the theatre. The one-and-half storey workshops are at ground-floor level while a ring of two-and-a-half storey houses arranged one next to the other is placed on the very top of the building. On one of its long sides the building is attached by a tall linking element that contains three rehearsal stages and the "Kleines Theater" to the shipbuilding shed which is now a listed building.

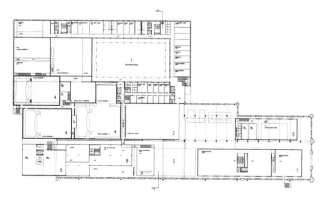

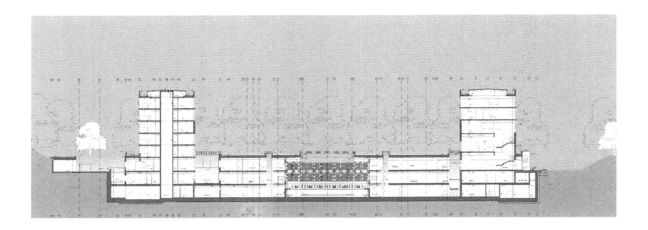

43 S.L.U.B. Sächsische Landesbibliothek, Staats- und Universitätsbibliothek Dresden / S.L.U.B. Saxon Federal Library, State and University Library Dresden
Dresden, 1996–2001

Mit der Zusammenführung der Sächsischen Staats- und Landesbibliothek und der Technischen Universität Dresden, entsteht eine Bibliothek von europäischer Bedeutung. Über sieben Millionen Bücher und Datenträger werden dort gespeichert. Der Bau selbst zeigt sich mit zwei gleich großen Steinquadern (47 auf 16,5 und 19 m hoch), die einander gegenüber auf einer Rasenfläche liegen, mittig dazwischen in gleicher Größe wie die Grundfläche der Kuben, eine bündig in den Rasen eingelassene Glasfläche, das Oberlicht des Lesesaals. Dieser Lesesaal ist zentrales Hauptstück des dreigeschoßigen Sockels, der sich unterhalb der Rasenfläche über die gesamte Fläche des früheren Sportplatzes erstreckt. Die eigentliche Bibliothek mit all ihren Einrichtungen befindet sich hier auf ca. 40.000 m^2.

The combination of the Saxon State and Federal Library with the Library of the Dresden University of Technology resulted in a library of European significance. More than seven million books and information bearers are stored here.

The building is made up of two stone blocks of equal size (47 by 16.5 m, 19 m high) which stand opposite each other on a lawn. Between them, at the centre, a glass surface is set flush with the lawn forming the roof light to the reading room. This reading room is the main central element of the three-storey base which extends beneath the lawn over the entire area of the former sports field. The library itself and all its facilities are located here and have a floor area of 40,000 m^2.

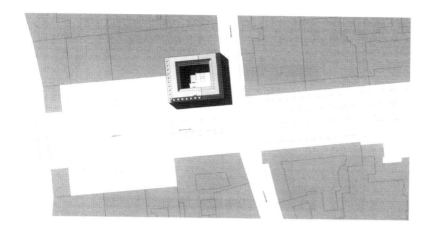

44 Wohn- und Geschäftshaus am Pariser Platz / Apartment and Commercial Building on Pariser Platz
Berlin, 1996–2000

Der Pariser Platz mit dem geschichtsträchtigen Branden-burger Tor wird wie vor dem Krieg zum „Foyer" der Haupt-stadt werden, mit repräsentativen Bauten für Botschaften, Akademie, Banken und dem legendären Hotel ADLON. Das Gebäude ist das einzige „bürgerliche" Stadtpalais am Platz, mit Gastronomie, Läden, Büros und Wohnungen. Nach der für den Platz gültigen Gestaltungssatzung ist das Gebäude mit klarer steinerner Fassade ausgebildet: Ein turmartiger Abschluß leitet über zur angrenzenden Französischen Botschaft, die hochgezogenen Dachgau-ben überhöhen kronenartig das Gebäude.

Pariser Platz with the historical Brandenburg Gate is to be-come again the "foyer" to the capital which it was before the war, with representative buildings for embassies, the Academy, banks and the legendary Hotel Adlon. This build-ing, the only "bourgeois" town palace on the square, contains restaurants, shops, offices and apartments. In compliance with the design principles evolved for this area the building has a lucid stone facade. A tower-like termi-nation provides a transition to the neighbouring French Embassy, the tall dormer windows give the building a crown-like emphasis.

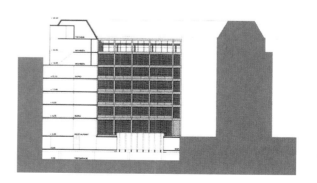

45   Gaudenzdorfer Gürtel
Wien, Vienna, 1997

Der „Gürtel" ist nach dem „Ring" der zweite und weitere Straßenkreis, der die Stadt konzentrisch umgibt und die äußeren Bezirke miteinander verbindet. Die architektonische Identität des Gürtels wird durch das Stadtbahnbauwerk Otto Wagners geprägt.

Im Bereich des Gaudenzdorfer Gürtels überquert die Bahn das Wiental mit einem ihrer markantesten Teile: der Otto Wagner-Stadtbahnbrücke. Die beiden an der nach außen gerichteten Gürtelkante geplanten Hochhäuser wirken wie Zwillinge und verstehen sich als vertikaler Kontrapunkt zur Wagnerbrücke. Die urbane Schlüsselposition der beiden Hochhäuser verpflichtet sie auch in kulturellem Sinn. Naheliegend war daher, dem eigentlichen Bestimmer dieser Stadtgegend – Otto Wagner – ein Mal zu setzen, das er in dieser Stadt nicht hat. Auf der Terrasse des von der Wagner-Brücke weiter entfernten Hochhauses der 8 m hohe Kopf Otto Wagners als Zweidimensionale Silhouette in Metallkonstruktion. Auf dem Hochhaus daneben der Kopf Adolf Loos. Beide Köpfe sind einander zugewandt. Wagner blickt in Richtung Brücke, den Arm leicht erhoben. Er spricht offensichtlich zu Loos, der zuhört: „Wagner erläutert Loos Grundzüge der Baukunst am Beispiel der Stadtbahnbrücke."

The "Gürtel" is, after the "Ringstrasse", the second, broader, ring road that concentrically surrounds the city connecting the outer districts with each other. The architectural identity of the Gürtel is formed by Otto Wagner's Stadtbahn.

In the area around the "Gaudenzdorfer Gürtel" the train line crosses the Wiental (valley of the River Wien) on one of its most striking elements: Otto Wagner's Stadtbahn bridge. The two high-rise buildings planned for the outer edge of the Gürtel seem like twins and are understood as a vertical counterpoint to Wagner's bridge. The urban key position of both buildings means that they also have cultural obligations. It therefore seemed obvious to place a monument (which he does not have in the city) to the person – Otto Wagner – who actually determined the character of this area. On the terrace of the high-rise building distant from the bridge is an 8 m-high bust of Otto Wagner in the form of a two dimensional silhouette in metal construction, on the building beside is a bust of Adolf Loos, both busts are turned towards each other. Wagner is looking towards the bridge, his arm slightly raised. He is clearly speaking to Loos who is listening: Wagner explains to Loos basic principles of architecture using the Stadtbahn bridge as an example.

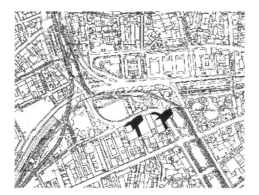

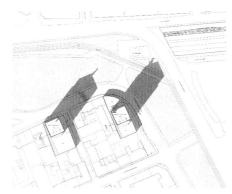

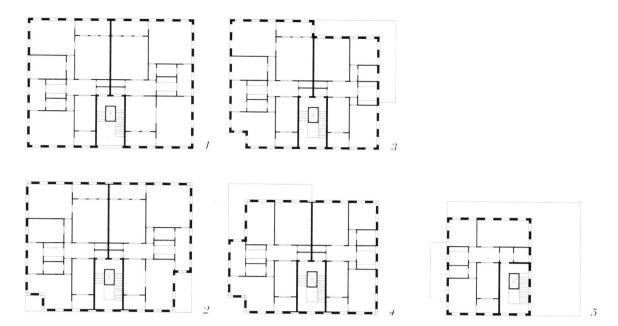

46 Theresienhöhe
München, Munich, 1997
Wettbewerb / Competition

Durch die Verlagerung der Münchner Messe zum ehemaligen Flughafen Riem wird ein großes innerstädtisches
Areal auf der Theresienhöhe frei. Der zentrale Bavaria-
Park bildet mit den denkmalgeschützten Hallen das Herz-
stück eines Quartiers nördlich der Wies'n. Neben kulturellen Einrichtungen, Hotel und Kongreßnutzung sind Büros
und vor allem Stadtvillen mit hoher Wohnqualität vorge-
sehen.

As the Munich Fair was moved to the former Riem Airport,
a large, inner-city space at Theresienhöhe stood empty.
The central Bavaria Park with its halls (that are protected
monuments) is the main area to the north of the Wies'n.
The design foresees cultural facilities, a hotel, congress
areas, as well as luxury urban villas offering a high quality of life.

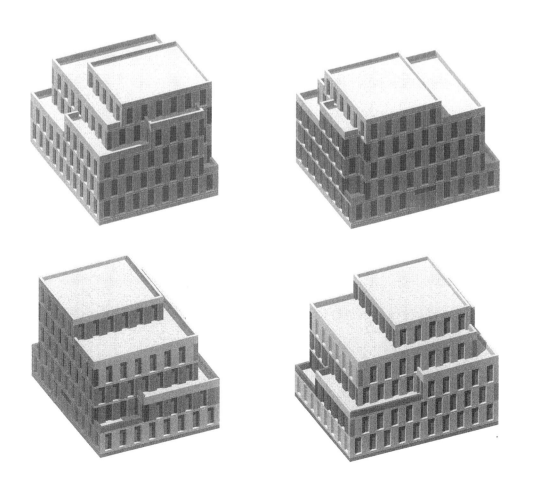

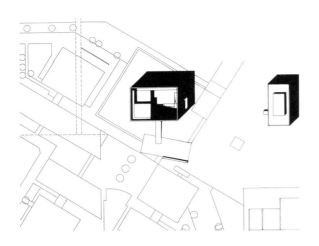

47 Workstation
Klagenfurt, 1996–1998

Eine Schatulle aus Holz: Außen eine Hülle von überlappenden waagrechten Brettern, die an den Ecken mit gekerbten Pfosten gefaßt sind – bald silbrig-grau, wenn das Wetter das naturbelassene Holz gegerbt hat. Im Inneren die hölzernen Steher und Balken, ausgefacht mit verleimten Tafeln. Licht von oben durch das Fensterband des Atriums, das knapp über das Dach der Schatulle ragt. Zerriebenes Glas liegt hier als dicke Schicht auf der gesamten Fläche, glitzernd wie frischer Schnee, durch eine grüne Sonnenbrille betrachtet.

A casket made of wood. Externally a skin of overlapping horizontal boards is held at the corners by notched posts. It will turn a silvery grey as the unpainted wood weathers. In the interior there are timber posts and beams with laminated panels as infill. Light enters from above through a band of glazing in the atrium which projects slightly above the roof of the casket. A thick layer of crushed glass lies across the entire surface of the roof, glittering like fresh snow seen through a pair of green sunglasses.

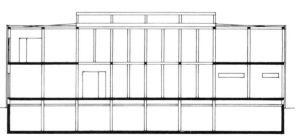

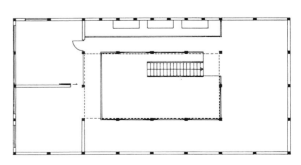

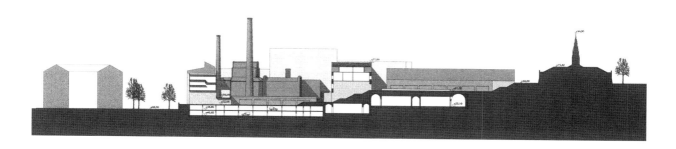

48 *Viktoria Quartier am Kreuzberg / Victoria Quarter on Kreuzberg*
Berlin, 1998
Wettbewerb / Competition

Das Brauereigelände am Kreuzberg mit seinen alten Zweckbauten hat eine gute Ausstrahlung, aber keine adäquate Funktion. Kulturelle Einrichtungen und eine spezielle Wohnnutzung sollen dem Areal neues Leben verleihen. Neue Baumaßnahmen haben hier räumlich zu verdichten und atmosphärisch zu intensivieren, was schon vorhanden ist.

The grounds of the brewery with the old functional buildings has a good atmosphere but no adequate function. Cultural facilities and a special residential use are inteded to give the site new life. New building measures aim at increasing the spatial density and intensifying the atmosphere of the existing fabric.

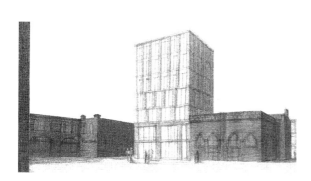

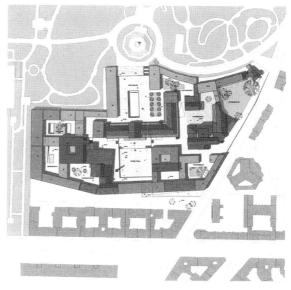

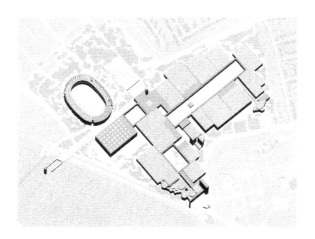

49   *Nowea 2004 Messe Düsseldorf / Nowea 2004 Trade Fair Düsseldorf Düsseldorf, 1998*

Für die Stadt Düsseldorf zählt die Messe Nowea zu den elementaren Erwerbsbereichen. Die geplante Erneuerung und Erweiterung ist hinsichtlich ihrer wirtschaftlichen Größenordnung und städtischen Bedeutung eines der wichtigsten Vorhaben der Stadt. Architektonisch soll dabei nicht nur benötigter Raum in großem Stil geschaffen werden, sondern die Messe soll ihrem Stellenwert entsprechend auch visuell ins Bild der Stadt gerückt werden.

So hat der der Stadt zugewandte Eingang Süd wichtige Signalwirkung. Die Neubauten eines Hotels, der Messe-Mall und des Kongreßcenters haben als Ensemble diese Rolle zu übernehmen. Der Vorplatz wird mit einem neuen Zugang zum angrenzenden Nordpark, der neuen Stadtbahnstation und der angedachten Rheinanlegestelle diese Rolle funktional unterstreichen.

For the city of Düsseldorf the Nowea Trade Fair is one of the primary sources of income. The planned renewal and expansion is, in view of its economic dimensions and urban significance, one of the city's most important projects. In architectural terms the aim is not only to create the necessary space in an impressive manner but that, as befits its importance, the trade fair should also be visually shifted to form part of the image of the city.

Thus the south entrance facing towards the city has a significant signal effect. The new buildings for a hotel, the trade-fair mall and the congress centre form an ensemble which must take on this role. The forecourt with a new approach to the adjoining Nordpark, the new Stadtbahn (city railway) station and the intended mooring point on the Rhine will functionally underline this role.

Nowea Pavillon / Nowea Pavilion Düsseldorf, 1999

Ein provisorischer Bau soll die Arbeits- und Ausstellungsbedingungen im bestehenden Kongreßzentrum (CCD) und der Messe interimistisch verbessern. In der logistisch schwierigen Lage im Innenhof der Messe zwischen CCD, Messeeingang und Hallen gelegen, funktioniert der Pavillon als Gelenk und Kupplung zwischen verschiedenen Bauten, einem Universalstecker ähnlich. Mit seiner goldschimmernden Aluminiumhaut verweist er optimistisch in die nahe Zukunft der Messe.

A provisional building is intended to improve in the short term the conditions for both working and exhibiting in the existing congress centre (CCD). In the logistically problematic position in the inner courtyard of the trade fair between CCD, entrance to the fair and the halls the pavilion functions as a joint and link between various buildings like a universal plug. Its gold-shimmering aluminium skin indicates optimistically the near future of the trade fair.

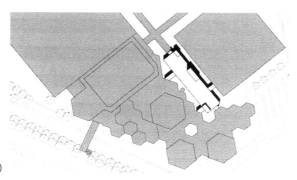

50 Hauptbibliothek / Central Library
Wien, Vienna 1998
Wettbewerb / Competition

Der Gürtel ist nach dem Ring der äußere konzentrische Straßenkreis, der die Stadtbezirke umlaufend erschließt. Ein Band aus zwei Straßen, die in der Mitte einen ca. 45 m breiten Streifen einschließen, in dem Otto Wagner zum Teil unterirdisch den zentralen Teil seiner Stadtbahn realisiert hat. Auf diesem Mittelstreifen, links und rechts von 4-spurigen Autoverkehr gesäumt, soll die Hauptbibliothek errichtet werden. Als kulturelles Gebäude hat es urbaner Konzentrationspunkt zu sein. Die architektonische Form muß in der vorstädtisch-herben Gegend ein visuell autonomes Bauwerk liefern, das rundum gute Beziehungen aufnimmt, ohne Wertung von Richtungen und Zusammenhängen.

In addition to the Ring the Gürtel is a second outer concentric street which provides access to those urban districts lying along it. It is a band made up of two streets enclosing a strip, ca. 45 m wide, along which Otto Wagner built his Stadtbahn (city railway), partly underground. The central library is to be constructed on this middle strip lined on either side by four lanes of traffic. As a cultural building it should be a point of urban concentration. In this unprepossessing area outside the inner city the architectural form must provide an autonomous building that establishes good relationships on all sides without evaluating directions or contexts.

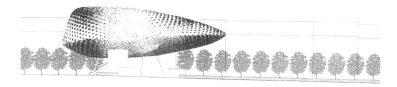

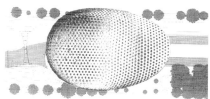

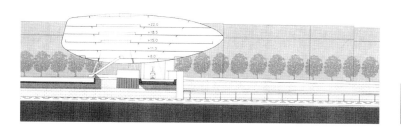

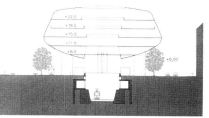

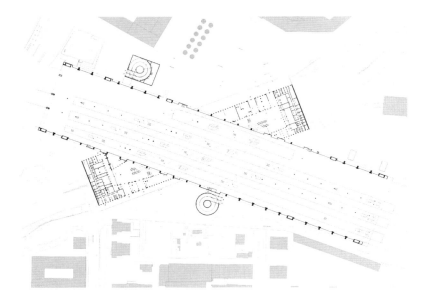

51 Bahnhof Papestraße / Railway Station Papestrasse
Berlin, 1999
Wettbewerb / Competition

Berlin hat keinen zentralen Hauptbahnhof. Zu den wichtigen Ringbahnhöfen gehört der neue Bahnhof Papestraße im Süden Berlins. In einer Art Drive-in-Bahnhof kreuzen sich hier die Verkehrströme der Bahn und des individuellen Autoverkehrs. Charakteristisch dafür ist die kreuzförmige Anlage mit Bahnhof und Parkhaus, sowie die dafür angewendeten architektonischen Motive: Den gestapelten Bogenmotiven der Parkhäuser steht die gläserne Netzstruktur der großen Bahnhofshalle gegenüber. Zwei kleine Türme über den Auffahrtsrampen markieren den Bahnhofsvorplatz.

Berlin does not have a main central railway station. The new Papestrasse station in the south of Berlin is one of the important ring stations The traffic flow of the railway station meshes here with the private vehicular traffic in a kind of "drive-in" station. The cross-shaped complex with railway station and multi-storey car park is characteristic of this situation as are the architectural motifs employed here. The glass net structure of the major railway hall is contrasted with the stacked arch motif of the multi-storey car park buildings. Two small towers above the access ramps mark the railway station forecourt.

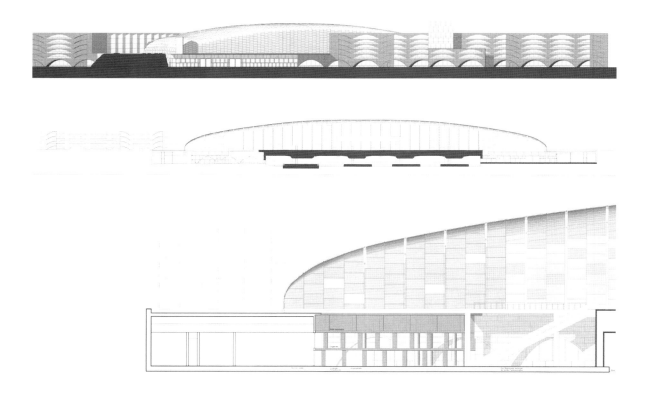

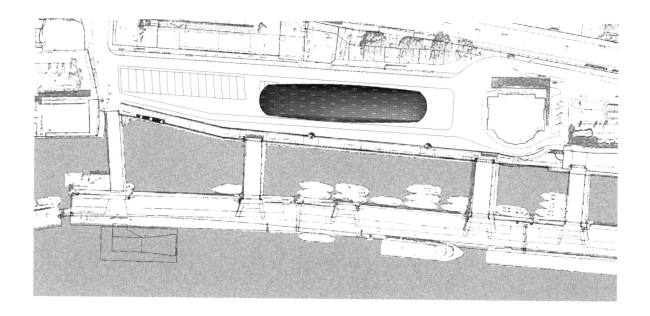

52 Informationszentrum Wattenmeer / Information Centre Wattenmeer
Expo 2000, Hamburg, 1999
Wettbewerb / Competition

Als Informationspavillon über die Eigenheiten des Wattenmeeres sollte das Bauwerk im Uferbereich der St. Pauli-Landungsbrücken liegen. Eine vorhandene Parkpalette bietet dafür die Basis. Der Baukörper selbst setzt sich zusammen aus zwei langgestreckten Schalen (85 m Länge) mit einer durchgehenden Haut aus Metall und Glas. Aufgestelzt auf Pfählen, ist dieser „Schalenkörper" gleichsam im Trockendock gelandet. An der gebauchten Unterseite gelangt man über eine Rampe ins Innere. Informationsbereiche und Ausstellungsobjekte sind in langer Reihe seriell angeordnet.

This building, a pavilion providing information about the Wattenmeer (North German mud flats), was to stand in the quay area of the St. Pauli landing bridges. An existing parking pallet provided a basis. The building itself is composed of two extended shells (85 m long) with a continuous skin of metal and glass. This "shell element" supported on pile foundations has landed in the dry dock. One reaches the inside via a ramp on the curved underbelly. The information area and the exhibits are arranged serially in a long row.

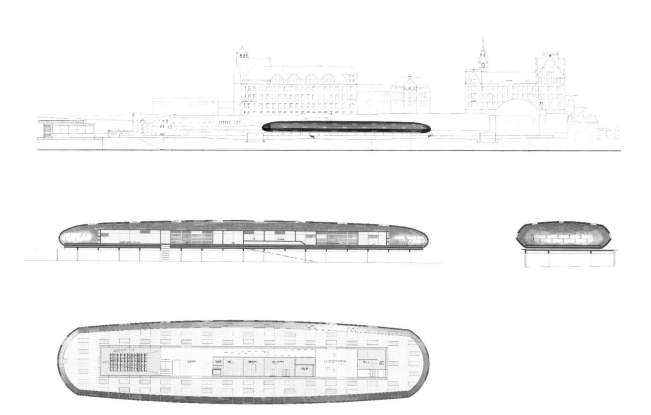

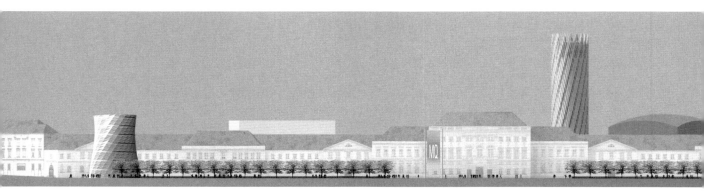

53 MMC Mix Media Center
Wien, Vienna, 1999

Als urbaner Eckstein markiert das Multi Media Center sowohl den Beginn des kommerziellen Zentrums Mariahilferstraße als auch den Übergang zum Museumsquartier. Von seiner Funktion her konzentriert das Gebäude Beiträge zu Themen und Anwendungen industrieller Formgebung und erweist sich damit auch theoretisch als Bindeglied zwischen Kultur und Kommerz. Formal zeigt sich der Bau als Drehkörper, dessen elliptische Geschoßflächen nach oben hin um die eigene Achse verdreht sind, und der so für den Betrachter bei jedem Blickwinkel eine andere Gestalt zeigt.

The Multi Media Center is an urban corner stone marking both the start of the commercial centre, Mariahilferstrasse, and also the transition to the Museum Quarter. In terms of function the building concentrates on contributions to themes and applications of industrial design and thus reveals itself, theoretically too, as a link between culture and commerce. In formal terms this structure is a revolved element: looking upwards the elliptical storeys are rotated around their own axis, presenting the observer with different shapes when seen from different angles.

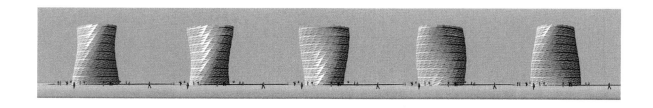

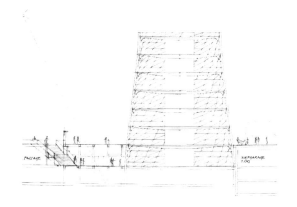

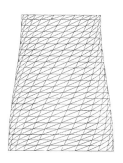

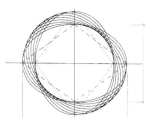

Anhang / Appendix

Biografien / Biographies

Ortner & Ortner

1987 Gründung des gemeinsamen Architekturbüros Ortner Architekten in Düsseldorf. Seit 1990 Ortner & Ortner Baukunst Ges.m.b.H. in Wien und Linz, seit 1994 Ortner & Ortner in Berlin.

1987, founding of Ortner Architekten in Düsseldorf. 1990, founding of the Ortner & Ortner Baukunst Ges.m.b.H. studios in Vienna and Linz. 1994, founding of Ortner & Ortner Berlin.

Laurids Ortner

1941 geboren in Linz. 1959–65 Architekturstudium an der TU Wien, Dipl. Ing. 1967 Mitbegründer der Architekten- und Künstlergruppe Haus-Rucker-Co in Wien. Von 1970–87 Atelier Haus-Rucker-Co in Düsseldorf mit Günter Zamp Kelp und Manfred Ortner. 1976–87 Professor an der Hochschule für künstlerische und industrielle Gestaltung in Linz. Seit 1987 Professor für Baukunst an der Staatlichen Kunstakademie Düsseldorf.

1941, born in Linz. 1959–65 architectural studies at the Technical University of Vienna. 1967, co-founder of the art, architecture and design group Haus-Rucker-Co in Vienna. 1970–87 atelier Haus-Rucker-Co in Düsseldorf in collaboration with Günter Zamp Kelp and Manfred Ortner. 1976–87, professor at the College of Art and Industrial Design in Linz. Since 1987, appointment to the State Academy of Art in Düsseldorf as professor of architecture.

Manfred Ortner

1943 geboren in Linz. 1961–67 Studium der Malerei und Kunsterziehung an der Akademie der Bildenden Künste Wien, Geschichte an der Universität Wien, Mag. art. 1966–71 Lehrtätigkeit als Kunsterzieher. Von 1971–87 Atelier Haus-Rucker-Co in Düsseldorf, zusammen mit Laurids Ortner und Günter Zamp Kelp. 1993 Mitglied der Architektenkammer Nordrhein-Westfalen. Seit 1994 Professor für Entwerfen, Architekturfakultät FH Potsdam.

1943, born in Linz. 1961–67, studies in Art and Art Education at the Academy of Fine Arts in Vienna, also studied History at the University of Vienna. 1966–71, teaching post as an art educator. 1971–87, atelier Haus-Rucker-Co in Düsseldorf in collaboration with Laurids Ortner and Günter Zamp Kelp. 1993, member of the North Rhine-Westphalian Chamber of Architects. Since 1994 professor of architecture at the Polytechnic in Potsdam.

Haus-Rucker-Co

1967 Gründung von Haus-Rucker-Co durch Laurids Ortner, Günter Zamp Kelp und Klaus Pinter in Wien
1970 Eröffnung von Studios in Düsseldorf und New York
1971 Eintritt von Manfred Ortner
1972 Eigenständige Studios: Haus-Rucker-Co in Düsseldorf (mit Laurids Ortner, Günter Zamp Kelp, Manfred Ortner), Haus-Rucker-Inc. in New York (mit Klaus Pinter, Caroll Michels u.a.)
1977 Auflösung von Haus-Rucker-Inc. Selbständige künstlerische Tätigkeit von Klaus Pinter und Caroll Michels
1987 Eröffnung eigenständiger Architekturbüros durch Laurids Ortner & Manfred Ortner, und Günter Zamp Kelp
1992 Auflösung von Haus-Rucker-Co

1967 Haus-Rucker-Co founded in Vienna by Laurids Ortner, Günter Zamp Kelp and Klaus Pinter
1970 studios opened in Düsseldorf and New York
1971 Manfred Ortner joins the group
1972 independent studios: Haus-Rucker-Co in Düsseldorf (with Laurids Ortner, Günter Zamp Kelp, Manfred Ortner), Haus-Rucker-Inc. in New York (with Klaus Pinter, Caroll Michels and others)
1977 dissolution of Haus-Rucker-Inc. Klaus Pinter and Caroll Michels work independently as artists
1987 Laurids Ortner & Manfred Ortner open an independent architectural practice as does Günter Zamp Kelp
1992 dissolution of Haus-Rucker-Co

Liesbeth Waechter-Böhm

Liesbeth Waechter-Böhm, geboren 1946, lebt als Kunst- und Architekturpublizistin in Wien. Mehrere Fernsehdokumentationen (zum Thema Museum, über das Arsenal und über den Karlsplatz in Wien). 1984–93 Radiosendung „Baukasten". Seit 1991 Kritikerin der „Presse"/Spectrum. 1994–99 Chefredakteurin von „Architektur aktuell", Herausgeberin der „Edition Architektur aktuell" („BKK-2", „Neue Architektur aus Tirol"). Beiträge in zahlreichen Fachzeitschriften. Mehrere Bücher, darunter in der Reihe „Portraits österreichischer Architekten" die Monographien „Heinz Tesar" und „Carlo Baumschlager | Dietmar Eberle".

Born 1946, lives as an art and architecture critic in Vienna. Several television documentaries (on the theme "Museum," about the Arsenal and about Karlsplatz in Vienna). 1984–93 radio programme Baukasten. Since 1991 critic for "Die Presse"/Spectrum. 1994–99 editor in chief of "Architektur aktuell." Publisher of "Edition Architektur aktuell" ("BKK-2", "Neue Architektur aus Tirol"). Contributions to numerous specialist periodicals. Several books including, in the series "Portraits of Austrian Architects", the monographs "Heinz Tesar" and "Carlo Baumschlager | Dietmar Eberle."

Gerwin Zohlen

Geboren 1950, freier Autor und Kritiker in Berlin. Studium der allgemeinen und vergleichenden Literaturwissenschaft, Historie und Philosophie in Heidelberg und Berlin. Nach Lehrtätigkeit an der FU-Berlin ist er seit den 80ern Jahren als Publizist (Verleger, Schriftsteller, Kritiker) tätig. Kulturkritische und historische Essays und Aufsätze. Beteiligung an der BHg 9 Berlin 84–87. Architekturkritische Arbeiten in Fachzeitschriften und überregionalen Zeitungen („FAZ", „SZ", „Die Zeit"). Letzte Buchpublikationen: „Baumeister des neuen Berlin", Berlin, Nicolai 1998; „Berlin Offene Stadt", 2 Bände., Herausgeber: Festspiele Berlin Gmbh/Architektenkammer Berlin, Berlin, Nicolai 1999.

Born in 1950, free-lance author and critic in Berlin, studied general and comparative literature, history and philosophy in Heidelberg and Berlin. Following a period teaching at the FU in Berlin he has worked since the eighties as a journalist (publisher, writer, critic). Essays and articles on historical subjects and cultural criticism. Participation in the BHg 9 Berlin 84–87. Architectural criticism in specialist periodicals and national newspapers ("FAZ", "SZ", "Die Zeit"). Most recent book publications: "Baumeister des neuen Berlin", Berlin, Nicolai 1998; "Berlin Offene Stadt", 2 vols, publishers: Festspiele Berlin Gmbh/Architektenkammer Berlin, Berlin, Nicolai 1999.

Bibliographie / Bibliography

Bücher und Kataloge (Auswahl) / Books and catalogues (selection)

Ortner & Ortner 3 Bauten für Europäische Kultur, Klagenfurt/Köln 1998
Ortner & Ortner 2 Baukunstwerke, Aedes, Berlin 1994
Ortner & Ortner Baukunst, Linz/Köln 1993
Haus-Rucker-Co Denkräume, Stadträume, Dieter Bogner (Ed.), Klagenfurt 1992
Haus-Rucker-Co 1967–1983, Frankfurt 1983
Design ist unsichtbar, Helmuth Gsöllpointner, Angela Hareiter, Laurids Ortner (Ed.), Wien 1980
Provisorische Architektur, Laurids Ortner, Wien 1976

Eigene Texte (Auswahl) / Own texts (selection)

Animare, Laurids Ortner, in: Werk, Bauen + Wohnen 11/1998
Schwerkraft, Laurids Ortner, in: Helmuth Gsöllpointner, Objekte und Plastiken 1955–95, Linz 1996
Überschaubar machen und verdichten, Laurids Ortner, in: Plätze in der Stadt, Joachim Aminde (Ed.), Stuttgart 1994
Der europäische Großbau, Laurids Ortner, in: Werk, Bauen + Wohnen 8/1992
Leben im Büro, Laurids Ortner, in: Bauwelt 13 1989; Werk, Bauen + Wohnen 10/1989
Besonderheiten regeln das Gewöhnliche – Arbeiten und Projekte von Haus-Rucker-Co, Laurids Ortner, in: Werk, Bauen + Wohnen 4/1989
Gleich, gemischt, menschengerecht , Laurids Ortner, in: Der Architekt 12/1988
Großstädtisch werden, Laurids Ortner, in: Der Architekt 12/1987
Stadtkultur, Laurids Ortner, in: Gefühlskollagen, Wohnen von Sinnen, Köln 1986
Das Bedürfnis nach Großzügigkeit, Laurids Ortner, in: Archithese 3/1986
Lernen von Linz, Laurids Ortner, in: Jahrbuch für Architektur 1983
Il treno di ferro e plastica lungo 600 metri, Laurids Ortner, in: Modo 36/1981
Das visuelle Erscheinungsbild (Forum Design), Laurids Ortner, in: Design ist unsichtbar, Wien 1980
Design des Städters, Laurids Ortner, in: Design ist unsichtbar, Wien 1980
Pfauenherzensalat, Laurids Ortner, in: Werk Archithese 33/44 1979
Die urbane Identität, Haus-Rucker-Co, in: Bauwelt 46/47 1978
Amnestie für die gebaute Realität, Laurids Ortner, in: Werk Archithese 17/18, Mai/Juni 1978
Stadtgestaltung, Laurids Ortner, in: Katalog Hochschule für Gestaltung, Linz 1977
Provisorische Architektur, Laurids Ortner, in: Transparent 6/1976; Kunstforum International 129/1977; Domus 569/1977

Veröffentlichungen Zeitschriften (Auswahl) / Publications in journals (selection)

Got LIVE if you want it, Laurids Ortner und Wolf Prix im Gespräch mit Dietmar Steiner / Laurids Ortner and Wolf Prix in conversation with Dietmar Steiner, Architektur Aktuell 230/231/99
Souveräne Abstraktion, Holger Kleine, Architektur Aktuell 229/99
Bücherflimmern im Elbsand, Holger Kleine, Bauwelt 14/99
Museumsquartier Wien. Das Projekt, Liesbeth Waechter-Böhm, Architektur Aktuell 211/212/98
Photonikzentrum Adlershof, Dietmar Steiner, Domus 807/98
Ortner & Ortner sede centrale di una banca, Potsdam Berlino, Martin Kieren, Gerwin Zohlen, Domus 801/98
ARD am Reichstagsufer, Holger Kleine, Bauwelt 10/98
Photonikzentrum (Neubauten 2 und 3), Bauwelt 28/29/98
Geldmaschine mit Vitrine – Die neue Landeszentralbank in Potsdam von Ortner & Ortner, Matthias Remmele, Bauwelt 26/97
Kultur- und Werkzentrum des Schauspielhauses Zürich, Architektur Aktuell 195/96
Das Potsdamer Modell – Eine interdisziplinäre Idee, Architektur und Bauforum 4/96
Im Kopf flüssig werden, Claudia Orben, Architektur & Bauforum 1/96
Bühne frei (Kultur- und Werkzentrum Zürich), Werk, Bauen + Wohnen 10/96
Laurids und Manfred Ortner. Die Grenzen der Pragmatik, Liesbeth Waechter-Böhm, Architektur Aktuell 181/182/95
Das Wiener Museumsquartier, Dietmar Steiner, Bauwelt 24/95
Sturzflug großer Ideen Stadtteilzentrum Brüser Berg, db Deutsche Bauzeitung 5/95
Ortner & Ortner Europäisches Design Depot, Walter Zschokke, Domus 772/95
Zentrum Brüser Berg in der Bonner Beamtensiedlung, Werk, Bauen + Wohnen 4/94
Das Zentrum zuletzt/ Brüser Berg Bonn, Robert Kaltenbrunner, Bauwelt 1/94
Ein neues Beispiel Ortnerscher Baukunst, Martina Kandelar-Fritsch, Architektur und Bauforum 163/94
Blue box schwebend - Das Europä Design Depot in Klagenfurt/Kärnten, Liesbeth Waechter-Böhm, Architektur Aktuell 172/94
Die Ästhetik ist ein Nebenprodukt, Vera Purtscher, Architektur und Bauforum143/91
Ortner Architekten Nuova Sede Bene Büromöbel, E. Morteo, Domus 3/91
Ortner Architekten Museumsquartier, Dietmar Steiner, Domus 732/91
Va bene, Kaye Geipel, db Deutsche Bauzeitung 2/91
Jahrhundertprojekt Museumsquartier, Liesbeth Waechter-Böhm, Architektur Aktuell137/90
Das Bene Projekt, Dietmar Steiner, Bauwelt 13/89

Ausstellungen / Exhibitions

(Eine Auswahl wichtiger Ausstellungen, die mit Haus-Rucker-Co beginnt und ab 1987 als Ortner & Ortner weitergeführt wird)

(A selection of important exhibitions, initially under the name Haus-Rucker-Co, continued from 1987 as Ortner & Ortner)

1967 Apollogasse Wien, *Ballon für Zwei*
Baugrube Schottenring, Wien, *Gelbes Herz*
1969 Kraftsporthalle Schleifmühlgasse, Wien, *Vanille Zukunft*
Museum des 20. Jahrhunderts, Wien, *Neue Objekte*
Museum of Contemporary Crafts, New York, *Plastic as Plastic*
Galerie Zwirner, Köln
Galerie Maerz, Linz
1970 Museum des 20. Jahrhunderts, Wien, *Live I*
Museum of Contemporary Crafts, New York, *Live II*
Kunsthalle Düsseldorf
State University of N.Y., Buffalo, *Live*
Kunsthalle Düsseldorf, *Between*
1971 Museum Haus Lange, Krefeld, *Cover*
Walker Art Center, Minneapolis, *Food City I*
Houston, Texas, *Food City II*
1972 documenta 5, Kassel, *Oase Nr. 7*
Kunsthalle Nürnberg, *Go*
1973 Kunsthalle Hamburg, *Grüne Lunge*
1974 Kunstverein Braunschweig, *Sonnenuntergang*
Kunstverein Bonn, *Zeichnungen 1967–74*
Österreichische Avantgarde, Innsbruck, Basel,
Städtisches Museum, Trier, *Umweltbilder*
Kunsthalle, Köln, *Sehen und Hören*
1976 Internationales Designzentrum, Berlin
Van der Heyd Museum, Wuppertal
1977 documenta 6, Kassel, *Rahmenbau*
Linz, *Forum Metall*
Hochschule für Gestaltung, Linz, *Stadtgestaltung*
1978 Kunsthalle Düsseldorf, *Straßen und Plätze*
Galerie Schmela, Düsseldorf, *Zeichnungen, Projekte*
Studiogalerie Ungers, Köln, *Zeichnungen und Modelle*
1979 Studio F. Ulm, *Pavillon der Elemente*
1980 Palazzo Montauto-Niccolini, Firenze, *Umanesimo Disumanesimo*
Linz, *Forum Metall*
Biennale Venezia, *Il tempo di Museo di Venezia*
1981 Galerie Schmela, Düsseldorf
1984 Nationalgalerie Berlin, *3 Großstadtbauten*
Deutsches Architekturmuseum, Frankfurt, *Revision der Moderne*
Kunsthalle Hamburg und Kunstakademie München, *Architektur-Visionen, Konzepte der 80er Jahre*
Kunsthaus Bonn, *Architektur Mutter der Künste?*
1985 Triennale Milano, *Ricostruzione della Città*
Centre G.Pompidou CCI, Paris, *Nouveaux Plaisirs d'Architecture*
Badischer Kunstverein, Karlsruhe, *Klassizismus und Klassiker - Tendenzen Europäischer Gegenwartsarchitektur*

Technische Universität, Eindhofen, *Haus-Rucker-Co Projekte 1967–85*
1986 Pratolino, Firenze, *Garden of Europe*
Deutsches Architekturmuseum, Frankfurt, *Beispiele einer neuen Architektur IBA, Berlin, 1987*
The National Museum of Modern Art, Tokyo, *Revision of Modernism – Postmodern Architecture 1960–86*
1987 documenta 8, Kassel, *Das ideale Museum*
Rat für Formgebung, Frankfurt, *Gegenstand und Ritual*
Secession Wien, *Maerz in der Secession*
1988 Galerie Maerz, Linz, *Ecken*
Galerie Inkt, Den Haag, *Lictring*
1989 Galerie Kubus, Hannover, *Kultursprung*
1990 Triest, *Neoclassico*
1992 Kunsthalle Wien, *Haus-Rucker-Co, Objekte, Konzepte, Bauten 1967–92*
Kunstforum der Bank Austria, Wien, *Kunsthäuser im Plan*
Museumspositionen, Wien, London, Paris
1993 Architekturmuseum Basel, *Haus-Rucker-Co*
Museum Francisco-Carolinum, Linz, *Ortner & Ortner Baukunst*
1994 Galerie Aedes, Berlin, *Ortner & Ortner Baukunst*
1995 Deutsches Architekturmuseum, Frankfurt, *Europäische Architektur des 20. Jahrhunderts – Österreich*
Museum of Modern Art, New York, *Light Construction*
1996 Kunsthalle Bonn, *Kunst aus Österreich 1896 –1996*
MACBA, Barcelona, *Light Construction*
Museum of Modern Art, New York, *Gifts to Philip Johnson*
1998 Europä Design Depot Klagenfurt, *3 Bauten für Europäische Kultur*
1999 Galerie Aedes Berlin, *3 Bauten für Europäische Kultur*
Lichtforum Wien, *3 Bauten für Europäische Kultur*
Architektur Zentrum Wien, *Das Wiener Museumsquartier und andere spannende Geschichten*
2000 NWR-Forum Kultur und Wirtschaft, Düsseldorf, *Living Bridges*
Museum für Angewandte Kunst, Köln, *Radical Architecture*

Credits

Stadtteilzentrum Brüser Berg /
Centre of District Brüser Berg
Wettbewerb / Competion: Haus-Rucker-Co;
Realisation mit / Realisation with Thomas Gutt;
Team: Elisabeth Dahmen, Anne Koch,
Bernadette Heiermann, Neda Todorovic,
Jürgen Balkow

Pfalztheater Kaiserslautern
mit / with Thomas Gutt

Deutsches Historisches Museum /
German History Museum
Dietmar Lenz, Peter Schmidt

Bene, Bürohaus und Produktionshalle /
Office and Manufacturing Building
Dietmar Lenz; Gina Noldin, Erich Schrenk,
Günter Schreder

Museumsquartier Wien: Museum Moderner
Kunst, Leopold Museum, Kunsthalle und
Veranstaltungshalle / Museumsquartier
Wien: Museum of Modern Art, Leopold
Museum, Kunsthalle/Events Hall
Wettbewerb 1. Stufe / Competion, first stage:
Günter Zamp Kelp (Haus-Rucker-Co), Volker
Busse, Thomas Gutt, Karl-Hienz Winkens;
Wettbewerb 2. Stufe / Competion, second
stage: Hanns-Peter Wulf, Olaf Laustroer,
Christian Schmitz, Alexander Sittler, Mattias
Caduff, Christian Kaldeway, Markus
Grandjean, Thomas Gutt, Cathrin de Wendt,
Elisabeth Dahmen, Norbert Krümmel.
Team O&O: Christian Lichtenwagner, Walter
Beer, Eva Maria Rebholz, Josef Zapletal,
Alfred Pleyer, Karl Meinhart; Marc Berutto,
Rosa Borscova, Margarete Dietrich, Mona El
Khafif, Mehmet Evan, Leszek Liska, Heimo
Math, Christian Nuhsbaumer, Szczepan
Sommer, Wolfgang Steininger, Philipp
Tiller, Michael Wildmann; Modellbau: Josef
Andraschko, Lukas Bramhas, Marco Tomaselli.
Seit 1995 Arbeitsgemeinschaft Ortner &
Ortner und Manfred Wehdorn / Since 1995
partnership O&O and Manfred Wehdorn

Wien Mitte
Wettbewerb / Competion: Manfred Lindorfer,
Susanne Stadlbauer, Thomas Springinklee,
Georg Bauer. Team O&O: Dietmar Lenz,
Dieter Uhrig; Christian Schmitz, Susanne
Stadlbauer, Talik Chalabi.
Partnerschaft mit / partnership with: Neu-
mann & Steiner, Lintl & Lintl.

Landeszentralbank Düsseldorf
Olaf Laustroer, Karl van Suntum; Jürgen
Balkow, Daniel Kas, Barbara Wieland

Landeszentralbank Potsdam
Olaf Laustroer, Martin Stamanns, Rolf
Thebrath; Martin Albers, Astrid Becker,
Jutta Bühler, Stephanie von Deuster, Thomas

Emmrich, Benno Gärtner, Christina Gresser,
Carlos M. Gonzales, Christian Kaldewei,
Anne Koch, Roberto Martinez, Kalle Ohler,
Sybille Reuter, Beatrix Schulze

Maxx Hotel
Dietmar Lenz, Hans Scheutz; Hilmar Bauer,
Dirk Jäger, Marina Mather, Zoran Michalcak,
Martin Pasko, Sven Szokolay, Hakan Tütüncü

Druckerei der Österreichischen National-
bank / Printing Office of the Austrian
National Bank
Roberto Martinez, Hans-Peter Anders,
Vytaulus Jakubaukas, Matthias Caduff

Europä Design Depot
Walter Hösel, Sabine Krischan, Sven
Szokolay, Reinhard Hörl, Monika Breu

Workstation
mit / with Walter Hösel

Kunstkonsulat Düsseldorf
Daniel Kas, Rolf Koflmann, Elke Otto,
Beatrix Schulze

Hafentor
Martin Albers, Benno Gärtner, Stefan Löffel-
hardt, Neda Todorovic, Beatrix Schulze

Hypobank München / Munich
Christian Lichtenwagner; Ursula Düll,
Andreas Marth, Sven Szokolay, Andreas
Thomczyk, Bernhard Weinberger

Ausstellung Ortner & Ortner /
Exhibition Ortner & Ortner
Andreas Thomczyk; Josef Andraschko,
Andreas Marth, Kai Stania

ARD Hauptstadtstudios /
ARD Studio Buildings
Wettbewerb / Competion: Hanns-Peter
Wulf, Nicole Beier, Dominik Neidinger;
Team: Hanns-Peter Wulf; Nicole Beier,
Andreas Benzing, Thomas Emmrich, Laura
Fogarasi, Edda Lehmann, Dominik Neid-
linger, Ulrich Neumann, Anna-Carina Popp

Photonikzentrum
Wettbewerb / Competion: Hanns-Peter
Wulf, Nicole Beier, Dominik Neidlinger;
Team: Georg Kogler; Julia Bodenstein,
Christian Fuchs, Johannes Schrey,
Thomas Weber

Musicon Bremen
Hanns-Peter Wulf, Michael Shamiyeh; Laura
Fogarasi, Dominik Neidlinger, Christoph
Schmuck

Die Erste Bank
Dietmar Lenz, Egon Andritz, Hans Scheutz;
Georg Bauer, Stephen Bidwell, Martin Pasko

Schiffbau, Theater- und Kulturzentrum des

Schauspielhauses Zürich / Theater and
Culture Centre of the Zurich Schauspielhaus
Harald Lutz; Marko Dumpelnik, Martina Küng,
Peter Neufang, Martin Pasko, Igor Rozic,
Markus Stöger, Sven Szokolay, Dieter Uhrig

S.L.U.B. Sächsische Landesbibliothek, Staats-
und Universitätsbibliothek Dresden / S.L.U.B.
Saxon Federal Library, State and University
Library, Dresden
Wettbewerb / Competion: Christian
Lichtenwagner, Walter Beer, Sven Szokolay;
Team: Ulrich Wedel, Rudi Finsterwalder,
Michael Ewerhart; Michael Adlkofer, Holger
Augst, Maria Baptista, Roland Duda, Eva
Jedelhauser, Ermelinda Hartwich, Thorsten
Heine, Heike Simon, Marietta Rothe, Robert
Westphal, Hans Witschurke.
Seit 1999 / Since 1999 Planungsarge
S.L.U.B. Ortner & Ortner und ATP Achamer-
Tritthart & Partner, München

Wohn- und Geschäftshaus am Pariser Platz /
Apartment and Commercial Building on
Pariser Platz
Wettbewerb / Competion: Hanns-Peter
Wulf, Thomas King, Clemens Bühring.
Team: Florian Matzker, Hanns-Peter Wulf;
Thomas Emmrich, Laura Fogarasi, Ole Ritzke,
Christian Fuchs

Gaudenzdorfer Gürtel
Harald Lutz; Nikolaus Michel

Theresienhöhe München / Munich
mit / with Markus Penell

Viktoria-Quartier am Kreuzberg /
Victoria Quarter on Kreuzberg
Wettbewerb / Competion: Christian Fuchs.
Team: Julia Bodenstein, Ulrich Neumann,
Johannes Sefling

Nowea 2004, Messe Düsseldorf / Trade Fair
Düsseldorf
Wettbewerb / Competion: Julia Bodenstein,
Clemens Walter, Jan Kircher, Kristin Weber,
Markus Müller, SvenHidde;
Team: Julia Bodenstein, Clemens Walter;
Markus Müller, Ulrike Hahn.
Team Pavillon: Julia Bodenstein, Clemens
Walter; Thomas Emmrich, Markus Müller

Bahnhof Papestraße / Railway Station
Papestrasse
Markus Penell; Clemens Dill, Claudia
Kruschel, Gregor Schuberth

Hauptbibliothek Wien /
Central Library, Vienna
Harald Lutz, Sven Szokolay

Expo 2000 Informationszentrum Wattenmeer
/ Information Centre Wattenmeer, Expo 2000
Sven Hidde, Anne-Bernhard Julchen,
Christian Fuchs

Abbildungsnachweis / Source of illustrations

Atelier Ortner & Ortner: 12, 13, 15, 19, 28,
32, 35, 45, 51, 58, 59, 70, 72, 76, 81, 83, 87, 99,
102, 106, 109, 116/117, 121, 124, 125, 127,
128/129, 130, 134, 135, 138, 141, 158, 161,
162, 165, 171, 172/173
Josef Andraschko: 38, 56, 57, 103, 114, 132/133
Udo Hesse: 236
BDG McColl: 162
Angela Hareiter: 82/83, 131, 146/147, 155
Haus-Rucker-Co Archiv: 18, 21, 23, 24, 25,
30, 34, 39, 40, 44, 47, 48, 50, 54/55, 66, 105,
107, 113, 119, 120, 122/123, 137, 151, 152,
154, 164

Michaela Heinz und Karen Thode: 68/69
Angelo Kaunat: 74/75, 149
Franziska Megert: 14, 22, 98, 142/143,167
Stefan Müller: 33, 42/43, 71, 78/79, 88, 112,
126
Julia Oppermann: 17, 77, 89, 150, 176
Josef Pausch: 67, 73, 91, 118, 122, 153, 168
Herbert Schwingenschlögel: 29, 63
Axel Stoffers: 86, 159, 163, 173
Josef Tandler: 52, 139
Axel Wieninger: 111
Gert Winkler: 16, 37, 64, 84/85, 100, 160,
174, 175

Gerald Zugmann: 20, 60, 97, 104, 136, 177
Fotohaus Westmüller, Linz, Postkarte Dachstein: 27

The Mies van der Rohe Archive, The Museum of Modern Art, New York, Gift of the
architect. © 1999 The Museum of Modern
Art, New York: 41

Collection Centre Canadian d'Architecture /
Canadian Centre for Architecture,
Montréal © 1971, Aperture Foundation Inc.,
Paul Strand Archive: 144